Heinz Auernhamer

Martin Luther – Die Reformation – Der Dreißigjährige Krieg

Leben im Zeitalter der Glaubenskrise

Mit Kopiervorlagen

BRIGG VERLAG

Abkürzungen

LSG	Lehrer-Schüler-Gespräch
UG	Unterrichtsgespräch
LV	Lehrervortrag
LE	Lehrererzählung
SV	Schülervortrag
TA	Tafelanschrift
EA	Einzelarbeit
GA	Gruppenarbeit
AA	Alleinarbeit
PA	Partnerarbeit
erg.	ergänzend
off.	offen
gel.	gelenkt

Gedruckt auf umweltbewusst gefertigtem, chlorfrei gebleichtem
und alterungsbeständigem Papier.

2. Auflage 2022

Layout/Satz: PrePress-Salumae.com, Kaisheim

ISBN 978-3-95660-**384**-6 www.brigg-verlag.de

Inhaltsverzeichnis

Vorwort

Liebe Kolleginnen und Kollegen,

anders als in vielen der bisher erschienenen Unterrichtshilfen will ich Ihnen hier eine Sequenz zum Zeitalter der Reformation und der Glaubenskämpfe vorstellen, die neben einer **einfachen Handhabung** vor allem die **Schülerorientierung** in den Mittelpunkt stellt.

Der neue Lehrplan für das Fach Geschichte verzichtet, anders als bisher, auf die Ausführung der Feinziele zu den einzelnen Themengebieten. Das bedeutet für den Geschichtslehrer auf der einen Seite, dass er eine gewisse fachliche Freiheit hinzugewinnt, auf der anderen Seite ergibt sich daraus jedoch auch die Notwendigkeit, eigene Schwerpunkte im Unterricht zu setzen.

Die vorliegende Sequenz nimmt diese Maßgabe auf, indem sie sich auf wesentliche Ereignisse der Glaubenskrise konzentriert und diese mit vielfältigen Aspekten der Alltagsgeschichte anreichert. Der handlungs-, problem- und alltagsgeschichtliche Ansatz ermöglicht den Schülern[1], die Hauptfragen zur Geschichte der Reformation und des Dreißigjährigen Krieges selbst zu erarbeiten, die Verquickung von Glaube und Machtpolitik zu erkennen und die historischen Zusammenhänge bei der Bewertung dieser Zeit zu berücksichtigen. Viele der Stunden weisen eine narrative Grundkonzeption auf, die den Schülern hilft, sich vor dem geschichtlichen Hintergrund der Reformation und der Glaubensauseinandersetzungen mit den Personen und den auf sie hereinstürzenden Ereignissen und Umwälzungen zu identifizieren, ihre Konfliktsituationen nachzuvollziehen sowie ihre tiefe Frömmigkeit und ihre daraus resultierende Suche nach dem wahren Glauben zu verstehen.

Dieser Ansatz hat den Vorteil, dass die einzelnen Themen näher an der **Lebenswelt der Schüler** angesiedelt sind als die reine Ereignisgeschichte und viele **Bezüge zur Gegenwart** möglich sind. Die untereinander stark vernetzten Einzelstunden dieser Sequenz bieten ein **breites Spektrum an methodischer Variation und kreativen Aufgabenformen** – von kleinen Rollenkarten bis hin zur Projektarbeit. So weist jede Unterrichtsstunde neben der fachspezifischen Arbeit mit Text- und Bildquellen eine handlungsorientierte Phase auf, welche die Schüler zur aktiven Auseinandersetzung und zum entdeckenden Lernen mit und an dem Leben im Zeitalter der Glaubenskrise auffordert.

Ich habe besonders großen Wert auf die Übersichtlichkeit und einfache Handhabbarkeit der Sequenz und der einzelnen Unterrichtsstunden gelegt. So ermöglicht die Sequenz ***„Leben im Zeitalter der Glaubenskrise“*** dem Lehrer eine **deutliche Zeit- und Arbeitsersparnis in der Vorbereitung**, denn sie enthält für jede einzelne Unterrichtsstunde eine **fachliche Vororientierung**, einen genauen **Verlaufsplan, methodische Hinweise, Hintergrundinformationen, Tafelbilder** und **Arbeitsblätter** sowie sämtliche **Bild- und Textquellen**. Ein abschließender

1 Um den Lesefluss nicht zu behindern, verwende ich in dem vorliegenden Buch oft die maskuline Form der Personenbezeichnung. Die feminine Form ist damit selbstverständlich mitgemeint. Das trifft ebenso auf den umgekehrten Fall zu.

Lernzirkel dient dem nachhaltigen Verstehen und Durchdringen des Zeitalters der Glaubenskrise und zeigt dessen Bedeutsamkeit für die heutige Zeit auf.

Dieser Aufbau ist keineswegs als „Gängelung" des Lehrers gedacht, sondern als Vorschlag mit einzelnen Erarbeitungsphasen, die aber nach Belieben vertauscht oder auch durch eigene Erarbeitungsschritte ersetzt werden können.

Eine **kurze Übersicht zur Stoffverteilung** soll Ihnen dabei zunächst eine erste Orientierung ermöglichen. Daran schließt sich eine **Einführung** zum Thema der Sequenz an, die neben einer **fachlichen Grundorientierung** allgemeine Bezüge zum Lehrplan aufzeigt und die Vernetzung der Einzelstunden verdeutlicht. Der **Verlaufsplan zu jeder Einzelstunde** kann von Ihnen direkt im Unterricht eingesetzt werden, da er präzise Angaben zu Inhalt, Methodik und Medien der einzelnen Unterrichtsphasen enthält. Die Inhaltsspalte gibt zunächst das Thema und den Inhalt der Unterrichtsphase an, nennt mögliche Fragestellungen für die Erarbeitung und führt hierzu auch den entsprechenden Erwartungshorizont mit auf. Die Methodik- und Medienspalte enthält Informationen darüber, wie die einzelne Unterrichtsphase erarbeitet werden soll, nennt die zu verwendenden Materialien und verweist zugleich auf den **Materialteil**, der sich dem Verlaufsplan und dem **Tafelbild** anschließt.

Anhand der unterschiedlichen Schriftarten können Sie auf den ersten Blick erkennen, ob es sich um einen Lehrervortrag, eine mögliche Schülerantwort oder um eine „Regieanweisung" handelt.

Ich wünsche Ihnen abwechslungsreiche Unterrichtsstunden und viel Spaß mit dieser Sequenz.

Der Autor

Fachwissenschaftliche Vororientierung

1. Begründung des Sequenzthemas

Das 16. und das 17. Jahrhundert sind gekennzeichnet von der in Deutschland angesiedelten welthistorischen Spaltung der abendländischen Kirche mit ihren politischen, sozialen und ökonomischen Wechselwirkungen und vom für Deutschland so verheerenden Dreißigjährigen Krieg. Die Persönlichkeit Martin Luthers, die Missstände in der Kirche, die Frage nach der Entstehung des Protestantismus, die Vermischung von Glaubensstreit und handfesten Machtinteressen, Hexen- und Judenverfolgung, der unverhoffte Religionsfriede und die Eskalation von Glaubens- und Machtinteressen im Dreißigjährigen Krieg sind Themen, die unsere Schüler/-innen heute auf ähnliche Weise fesseln können, wie sie die Menschen damals zu geradezu dogmatischem Handeln führten. Das Sequenzthema bietet den Schülern die Möglichkeit, bei einer genaueren Betrachtung der Ereignisgeschichte ihr Vorwissen und ihre Neugierde einzubringen und durch die narrative Einbettung der Geschehnisse die Zeit der Glaubenskrise und ihre alltäglichen Auswirkungen unmittelbar nachzuempfinden. Um diese Lebendigkeit der einzelnen Themen sicherzustellen, soll die nachfolgende fachwissenschaftliche Vororientierung die prägenden Handlungs- und Ideenstränge sowie zentrale Widersprüchlichkeiten dieser Zeit darstellen.

Die deutsche und europäische Welt des ausgehenden Mittelalters war geprägt von Reformforderungen und -aktivitäten. So rangen Kaiser und Stände miteinander um eine Reichsreform, Territorien und Städte arbeiteten an einer Reform der Rechtsordnung, aber vor allem der Ruf nach einer gründlichen Reform der Kirche an „Haupt und Gliedern“ wollte nicht mehr verstummen.

2. Die Strukturen des Reiches

Das Heilige Römische Reich deutscher Nation des 16. Jahrhunderts war ein Wahlreich, in dessen Folge es immer wieder zu erheblichen Spannungen zwischen den dynastischen Interessen der Habsburger und den Reichsinteressen des aus diesem Haus bestellten Königs als Reichsoberhaupt kam. So vermischten sich häufig religiöse Konflikte mit außenpolitischen Spannungsfeldern, wie z. B. dem Kampf um die Vorherrschaft in Italien oder der Türkenabwehr. Die mittelalterliche Tradition des Doppeltitels für das Reichsoberhaupt als deutscher König und römischer Kaiser blieb weiterhin bestehen, auch wenn die verfassungsrechtlichen Unterschiede dieser beiden Titel weithin verloren gingen. Die Wahl des römischen Königs zu Lebzeiten des Kaisers trug allerdings dazu bei, Thronvakanzen und Thronkämpfe zu verhindern. Die Kurfürsten konnten laut Goldener Bulle von 1356 die Wahl eines Kandidaten von Bedingungen abhängig machen, die seit der Wahl Karls V. 1519 in sog. Wahlkapitulationen verbrieft wurden. Damit sicherten sie sich eine organisatorisch verfestigte Mitwirkung an der Regierung des Reiches. Allerdings versammelten sich auf den Reichstagen drei ständische Kurien mit häufig widerstreitenden Interessen: der Kurfürstenrat, die Fürstenkurie, die ein Übergewicht an Geistlichen aufwies und die Reichsstädte. Gerade diese Konstellation sollte sich als folgenreich für die Glaubensspaltung in Deutschland erweisen, da sie letztendlich den Ausbau und die behördliche Verfestigung der landesfürstlichen Verwaltung beförderte.

3. Das Alltagsleben

Das alltägliche Leben der Menschen im Reich war durch eine ständig präsente Gefahr des Todes gekennzeichnet. Eine erhöhte Sterblichkeit im Allgemeinen, Epidemien und gewaltsame Auseinandersetzungen sind hierfür nur einige Ursachen. Dennoch kam es infolge des säkularen Umschwungs in der Landwirtschaft und der Blüte des Frühkapitalismus zu einem leichten Bevölkerungswachstum. Die Gesellschaft behielt dabei ihre ständische Prägung, auch wenn sich in manchen Bereichen ein allmählicher Wandel abzeichnete. Gerade in den Städten blieben jedoch viele wirtschaftlich aufsteigenden Familien von politischen und gesellschaftlichen Spitzenpositionen ausgeschlossen. Daraus erwuchsen in der Folge tief greifende Spannungen und Konflikte.

Politisch gesehen schritt der Prozess zur modernen Staatlichkeit weiter voran, der eine Monopolisierung und Vereinheitlichung der öffentlichen Gewalt sowie einen immer weiter reichenden Zugriff auf verschiedenste Lebensbereiche des Menschen zum Ziel hatte. Diese „politische Flurbereinigung“ musste geradezu zwangsläufig zu Auseinandersetzungen zwischen dem Kaiser und den Reichsständen bzw. Landesfürsten führen. Die politischen Eigeninteressen der Reichsstände erschwerten hierbei sowohl eine effektive Stärkung der Reichsgewalt des Königs als auch eine Reform der Reichsinstitutionen.

4. Die Kirche und das geistige Leben

Das Reformstreben und die Reformbedürftigkeit der Kirche dieser Zeit bilden den Schwerpunkt dieser Unterrichtssequenz. Zunächst kann an der starken Verweltlichung des Papsttums dieser Zeit kein Zweifel bestehen. Als Herr des Kirchenstaates war der Papst in vielerlei politische Verhältnisse und weltliche Konflikte verstrickt, wie z. B. den Streit der Häuser Valois und Habsburg um die Vorherrschaft in Europa. Darüber hinaus haben die Renaissancepäpste ihr hohes Amt profanen Familieninteressen geopfert, was zu einer Amoralisierung des Papsttums führte. Dies zeigte sich in der Leichtfertigkeit der Amtsführung genauso wie in der Unverhältnismäßigkeit der fiskalischen Forderungen der Kurie. So mussten für die Erlangung bedeutender kirchlicher Ämter gewaltige Summen an Rom entrichtet werden, weiter forderte die Kurie bei einer Vielzahl von kirchlichen Ämtern das Einkommen des ersten Amtsjahres, die sog. Annaten. Gegen entsprechende Zahlung konnte man zudem Dispens von beinahe jeglicher Regel des kirchlichen Rechts erlangen. Insbesondere der Dispens vom Verbot der Pfründenhäufung, die sog. Simonie, wurde zu einer einträglichen Einnahmequelle. Vor allem aber das Ablasswesen war immer stärker den geldpolitischen Interessen der Kurie untergeordnet. Dies galt im Besonderen für die Ablässe anlässlich der sog. Jubeljahre, wie etwa dem 1506 verkündeten Jubelablass zugunsten des Baus der Peterskirche in Rom. Neben der Grundproblematik des Ablasses, der kirchliche Gnaden gegen Geld erteilte, führte die theologisch uneindeutige Ausweitung auf den Erlass sämtlicher Sünden und darüber hinaus auch auf die der Verstorbenen bei vielen Menschen zur Vorstellung, dass man sich die Sündentilgung erkaufen könne, ja sogar müsse. Das Ablasswesen selbst führte weiterhin zu fragwürdigen Geschäftsbeziehungen zwischen der Kurie und den Hauptfiguren des Frühkapitalismus. Nicht viel besser stand es häufig um den Klerus. Der hohe Klerus war, ähnlich dem Papsttum, durch eine tief greifende Verquickung kirchlicher und weltlicher Interessen gekennzeichnet. Die Verweltlichung der spätmittelalterlichen Kirche hatte gerade im geistlichen Fürstentum ottonischer Prägung seine unmittelbaren Ursachen. Eine besonders verwerfliche Ausprägung des Pfründedenkens war die Verrichtung geistlicher Ämter durch Stellvertreter, die meist ungebildet und miserabel bezahlt waren. Das Versorgebedürfnis des Adels für seine Söhne und Töchter führte schließlich zu einer ungebremsten Ausdehnung des Pfründewesens. So blieben häufig bedeutende Pfründen dem Adel vorbehalten. Dies alles führte zu einem offenkundigen geistlichen und moralischen Fehlverhalten in weiten Teilen des Klerus und bei den Ordensleuten. Darunter fallen die Lockerung der Klosterzucht, das Konkubinat der Geistlichen, notorische Geldgier sowie eine oft beklagte Trunksucht und Rauflust der Geistlichen.

Die eben beschriebene Krise der Kirche war umso gravierender, als viele Menschen in dieser Zeit von einer tiefen Frömmigkeit beseelt waren und sich daraus wachsende Ansprüche an die Kirche generierten. Diese verstärkte Frömmigkeit zeigt sich in einer deutlichen Zunahme an Gottesdiensten und Stiftungen, dem Aufblühen des Heiligen- und Reliquienkultes, der enormen Zunahme der Wallfahrten, einer erstaunlichen Almosenbereitschaft und besonders im enormen Erfolg des Ablasswesens. Martin Luthers deutsche Liturgie und Bibelübersetzung sind auch als Antwort auf die Bedürfnisse des gemeinen Mannes zu sehen, das Wort Gottes und seine Bedeutung tatsächlich verstehen zu können. Letztendlich sind auch der Hexenglaube und die Judenverfolgung eine Folge sehr alter Elemente eines Volksaberglaubens, der Furcht vor magischem Schadenzauber und des Vorwurfs an die Juden, für die Kreuzigung Christi verantwortlich zu sein.

Eine weitere wichtige Strömung dieser Zeit war die Ausbreitung humanistischen Gedankengutes, die Tendenzen einer Säkularisierung mit sich brachte und eine Lösung der neuzeitlichen Wissenschaften von der Herrschaft der Theologie vorbereitete. Allen Richtungen des deutschen Humanismus war gemeinsam, dass sie die entscheidenden Fragen der Zeit im kirchlich-religiösen Bereich sahen.

1. In welchem Zustand befand sich das Reich um 1500?

I. Fachliche Vororientierung

Bereits im Spätmittelalter hatten die unübersehbaren Missstände in der Kirche zu verschiedenen Reformversuchen geführt. Mit Ausnahme der Juden und spanischen Muslime waren alle Menschen im christlichen Abendland Glieder der katholischen Kirche, die den Papst als Oberhaupt der Kirche und als Stellvertreter Christi auf Erden anerkannten. Der Papst hatte demnach die Schlüsselgewalt in geistlichen Fragen. Wer diese Gewalt leugnete oder gar Missstände kritisierte, geriet, wie Jan Hus, als Abtrünniger, als Ketzer in Acht und Bann und wurde meist auf dem Scheiterhaufen hingerichtet. Neben den kirchlichen Missständen war der Beginn des 16. Jahrhunderts politisch gesehen durch den Konflikt der Habsburger und Franzosen, die türkische Gefahr im Osten und den Dualismus von Kaiser und Ständen gekennzeichnet. Diese Faktoren sollten in der Folge eine konsequente Bekämpfung der Lehre Luthers verhindern.
Gleichzeitig war das Volk von einer tiefen Frömmigkeit geprägt und ergriff mit Eifer alle Heilsmittel, die ihnen die Kirche zur Erlangung des ewigen Seelenheils bot. Doch fehlte der Masse der Gläubigen eine wirklich geistliche Hilfe durch den Klerus. Des Weiteren litt das Volk unter der hohen Abgabenlast, die ihnen von weltlicher und/oder geistlicher Seite auferlegt wurde. Dies führte immer wieder zu Forderungen nach Erleichterung und mehr Rechten für den gemeinen Mann.

II. Verlaufsplan der Unterrichtsstunde

Einstieg

	Folie M 1
• ***Ich möchte euch heute zu Beginn etwas vorlesen. Schließt dazu bitte die Augen.*** Vortragen des Textes über die Verbrennung Jan Hus'	Die Hinrichtung Jan Hus'; historisierende Erzählung; LV
	Folie M 2
• ***Nun, wir haben hier einen Bericht über ein geschichtliches Ereignis. Allerdings bekommen wir nur sporadische Hinweise. Versuchen wir doch zunächst einmal das zusammenzutragen, was wir erfahren haben:***	Illustrative Bildquelle gel. UG
– Es ist das Jahr 1415 – Ein Mann namens Jan Hus wird auf dem Scheiterhaufen hingerichtet – Er trägt einen Hut auf dem „Ketzer" steht – Die Bischöfe und Priester sind zufrieden – Die anderen anwesenden Menschen reagieren sehr unterschiedlich auf die Verbrennung	
• ***Das sind die Fakten, die wir nun bereits kennen. Wir wollen aber mehr über dieses Ereignis und dessen Umstände erfahren. Eines scheint jedoch bereits klar: Es liegt etwas im Argen. Deswegen lautet das Thema unserer heutigen Unterrichtsstunde:***	LV

Themaangabe

In welchem Zustand befand sich das Reich um 1500?

LV
TA

Erarbeitungsphase 1

- ***Stellt euch vor, ihr seid Zeitungsreporter im Deutschen Reich im 16. Jahrhundert. Ihr habt von der Verbrennung des Jan Hus, die bereits eine Weile zurückliegt, gehört, könnt euch aber keinen Reim darauf machen und wollt nun selbst herausfinden, was denn so alles im Argen liegt im Deutschen Reich. Ihr beschließt nun, durch die Lande zu reisen, mit den Menschen zu sprechen, euch umzuhören und genaue Beobachtungen zu machen.***

LV

Folie M 3

Arbeitsauftrag GA (M 3)

Folie M 4

Material GA (M 4)

- ***Um das Ganze für euch etwas einfacher zu gestalten, habe ich euch hier bereits wichtiges Material mitgebracht. Zuvor müssen wir aber noch fünf Reisegruppen zusammenstellen. Je eine Gruppe reist in den Osten des Reiches (z.B. linke Ecke des Klassenzimmers), eine weitere Gruppe in den Westen, die nächste in den Norden, eine in die Mitte und die letzte schließlich in den Süden. Dort bekommt ihr von mir entsprechendes Material, das ihr auswertet und schließlich, wie es sich für Zeitungsreporter gehört, in einen Entwurf für einen Zeitungsartikel umsetzt. Ihr sucht dazu eine passende Überschrift und führt dann eure Beobachtungen und Erkenntnisse stichpunktartig auf.***

GA auf Folie

Reisegruppe 1: Die politische Situation
Reisegruppe 2: Soziale Spannungen
Reisegruppe 3: Verweltlichung der Kirche (1)
Reisegruppe 4: Verweltlichung der Kirche (2)
Reisegruppe 5: Tiefe Frömmigkeit

Erarbeitungsphase 2

- ***Nun, gehen wir der Reihe nach vor. Wir werden jetzt die Präsentationen der einzelnen Gruppen nacheinander hören und eure Aufgabe ist es, festzulegen, was wir zu unserer Überschrift „In welchem Zustand befand sich das Reich um 1500?" festhalten wollen.***

LV

- ***Beginnen wir mit der ersten Gruppe und der Frage nach der politischen Situation um 1500.***

GA
Präsentation der Schüler

• ***Was wollen wir hierzu nun in Form von Schlagzeilen festhalten?***	TA
– Schülerantworten	
• ***Gehen wir weiter zur nächsten Gruppe ...***	

Bewertung

• ***Das Thema unserer Stunde lautete „In welchem Zustand befand sich das Reich um 1500?“ Anhand der Schlagzeilen können wir bereits sehen, dass es viele Missstände im Reich gab.***	Bewertung und Sicherung im gel. UG
• ***Nun möchte ich von euch zunächst wissen, ob ihr jetzt eventuell Gründe kennt, warum Jan Hus sterben musste.***	
– Schülerantworten	
– Vermutungen, aber kein gesichertes Wissen	
• ***Ich muss euch hier vertrösten. Die genauen Details zur Hinrichtung Jan Hus' werdet ihr erst in der nächsten Stunde erfahren. Aber ihr habt heute ja schon viele andere, interessante Dinge gehört.***	
• ***Wer könnte denn neben Jan Hus mit der Situation im Reich um 1500 sehr unzufrieden gewesen sein?***	
– Die einfachen Leute, da sie von den Adeligen ausgebeutet werden und keine Rechte haben	
– Alle Reichsbewohner, da der Kaiser in Kriege mit Frankreich verwickelt ist und außerdem die Gefahr vor den Türken nicht gebannt ist	
– Die Gläubigen, da sie einen Verfall der Kirche beobachten können und sich daher in ihrer tiefen Frömmigkeit verraten fühlen	
– Verschiedene Geistliche, die sich eine andere Kirche wünschen	
– etc.	
• ***Das sollten wir immer im Hintergrund behalten, wenn wir die weiteren Ereignisse bewerten.***	

III. Tafelbild (Vorschlag)

In welchem Zustand befand sich das Reich um 1500?

Krise im Reich

Politische Situation:

Das Reich zittert vor den Osmanen

- Kaiser Karl V. in Kriege mit Frankreich verstrickt
- Frankreich versucht die Osmanen für Bündnis gegen das Reich zu gewinnen
- Die Reichsfürsten befürchten zu große Machtfülle des Kaisers
- Dem Kaiser fehlt Geld zur Aufstellung eines Heeres

Soziale Spannungen:

Der gemeine Mann sieht sich als Sklave von Klerus und Adel

- Bauern fordern Einschränkung der zahlreichen Abgaben und Dienste
- Bauern fordern Rechte, Abschaffung der Leibeigenschaft und Beteiligung an Wäldern, Seen und Teichen etc.

Verweltlichung der Kirche:

Papst und Priester leben in Saus und Braus

- Sauf- und Fressgelage, Schlägereien, Tanzen, uneheliche Kinder etc. – entspricht das der Lehre Christi?
- Ämterkauf, Ämterhäufung, Bestechung, Mordkomplotte – weltliche Macht und Reichtum sind wichtiger als christliche Werte
- Reformer und Kritiker werden als Ketzer verurteilt und verbrannt
- Streit zwischen Papst und Konzilien um Vertretungsanspruch Gottes auf Erden

Tiefe Frömmigkeit:

Die Menschen haben Angst vor dem Jüngsten Gericht

- starke Beschäftigung der Menschen mit dem Leben nach dem Tod
- tiefe Frömmigkeit, um vor dem Jüngsten Gericht bestehen zu können
- Wallfahrten, Almosen und Ablasshandel, Hexenwahn, Reliquienkult als Ausdruck dieser Frömmigkeit
- Angst vor strafendem Gott
- Aber: Gemeinden werden vom Klerus vernachlässigt

Textquelle: Die Hinrichtung Jan Hus' (Folie) M 1

1415. Hell erleuchtet blicken die Gesichter auf den Mann, den sie entweder hassen oder für seinen Mut bewundern. Die Menschenmenge ist unruhig, in sich gespalten, wie es für diese Zeit doch so typisch ist. Es gibt einige unter ihnen, denen die Verzweiflung ins Gesicht geschrieben ist, manche weinen sogar oder drehen ihren Kopf angewidert zur Seite. Andere wiederum grinsen voller Genugtuung, schreien ihren Ärger hinaus, ballen wütend die Fäuste. Und dann sind da noch die, die einfach gekommen sind, um ihren tristen Alltag mit etwas Abwechslung zu bereichern. All diese Gesichter sind nun erleuchtet von den Flammen des lodernden Feuers, eines Feuers, das zunächst von Holz, Reisig und Stroh gespeist wurde und nun auf einen Mann übergreift, der an einen Pfahl gefesselt in Mitten des Scheiterhaufens mit einem Hut auf dem Kopf steht, der die Aufschrift „Ketzer" trägt. Sein schmerzverzerrtes Gesicht, seine Schreie, seine wilden Augen – und daneben zufrieden dreinblickende Priester und Bischöfe. Auf ihr Betreiben hin beginnt ein Teil der Menge „Jan Hus, du Handlanger des Teufels, du Ketzer" zu rufen.

Bildquelle: Jan Hus auf dem Scheiterhaufen (Folie) M 2

„In der Wahrheit des Evangeliums, die ich geschrieben, gelehrt und gepredigt habe, will ich heute fröhlich sterben."

Arbeitsauftrag Gruppenarbeit (Folie) **M 3**

Arbeitsauftrag:

Wertet das bereitgestellte Material auf die Fragestellung „In welchem Zustand befand sich das Reich um 1500"? hin aus.
Findet eine passende sowie ansprechende Überschrift und notiert darunter in Stichpunkten eure Beobachtungen und Erkenntnisse (auf Folie).

Zeit: 12 Minuten
Material: Folie(n)
Ergebnispräsentation: vor der Klasse

Reisegruppe 1: Die politische Situation
Reisegruppe 2: Soziale Spannungen
Reisegruppe 3: Verweltlichung der Kirche (1)
Reisegruppe 4: Verweltlichung der Kirche (2)
Reisegruppe 5: Reformbestrebungen

Material Gruppenarbeit (1) M 4

Gruppe 1: Die politische Situation

Karte: Europa unter Karl V. (Folie)

Textquelle: *Schreiben Franz I. an den türkischen Sultan Soliman*

Gegen die habsburgische Umklammerung setzte sich König Franz I. von Frankreich mit allen Mitteln zur Wehr. So schickte er im Jahre 1525 einen Boten an den türkischen Sultan Soliman den Prächtigen. Dieser antwortete ihm:

> *„Ihr, König des Landes Frankreich, habt hier um Hilfe und Beistand zu eurer Befreiung gebeten. Es ist nichts Außergewöhnliches, dass Herrscher besiegt und gefangen werden. Drum fasset Mut, und lasst Euch nicht völlig niederschlagen. Unsere glorreichen Vorfahren und ruhmwürdigen Ahnen haben nie nachgelassen, Krieg zu führen, um ihre Feinde zurückzuschlagen und Reiche zu erobern. (...) Möge Gott, der Allmächtige, das gute Werk fördern! Was auch Sein Wille zum Ziel habe, es möge geschehen!“*

Material Gruppenarbeit (2) M 4

Gruppe 2: Soziale Spannungen

Bildquelle: *„Bauern liefern ihre Abgaben ab."*

Textquelle: *„Über das Leben auf dem Land"*

Johannes Boemus: Über den Bauernstand, 1520:

> *„Der letzte Stand ist derer, die auf dem Land in Dörfern und Gehöften wohnen und dasselbe bebauen und deshalb Bauern genannt werden. Ihre Lage ist bedauernswert und hart. (...) Die Hütten bestehen aus Lehm und Holz, (...) sind mit Stroh gedeckt: Das sind ihre Häuser. Geringes Brot, Haferbrei oder gekochtes Gemüse ist ihre Speise, Wasser und Molke ihr Getränk. Ein leinener Rock, ein paar Stiefel, ein brauner Hut ist ihre Kleidung. (...) Den Herren fronen sie oftmals im Jahr, bauen das Feld, besäen es, ernten die Früchte, bringen sie in die Scheunen, hauen Holz, bauen Häuser, graben Gräben. Es gibt nichts, was dieses sklavische und elende Volk ihnen [den Herren] nicht schuldig sein soll. (...) Aber am härtesten ist es für die Leute, dass der größte Teil der Güter, die sie bebauen, nicht ihnen, sondern den Herren gehört und dass sie sich durch einen bestimmten Teil der Ernte jedes Jahr von ihnen loskaufen müssen."*

Textquelle: *„Der Fall des Pfeifers von Niklashausen"*

1476 trat in dem fränkischen Dorf Niklashausen ein Musikant namens Behem auf, verbrannte seine Pauke und erzählte, ihm sei die Jungfrau Maria erschienen. Das Dorf wurde zum Ziel von Massenwallfahrten. Der Erzbischof von Mainz und der Bischof von Würzburg entsandten „Kundschafter", die berichteten, Hans Behem habe folgendes gepredigt:

> *„Dass im Taubertal ebenso große, vollkommene Gnade und noch mehr als in Rom oder irgendwo sein soll (...).*
> *Dass der Kaiser ein Bösewicht sei. Und mit dem Papst ist es nichts (...).*
> *Die Geistlichen haben viele Pfründe [Einkünfte aus einem kirchlichen Amt]. Das soll nicht sein (...).*
> *Dass die Fische in dem Wasser und das Wild auf dem Felde allgemein [zur Verfügung] stehen sollen.*
> *Dass die Fürsten, Geistlichen und Weltlichen, auch Grafen und Ritter so viel haben. Hätten das die gemeinen [normalen] Leute, so hätten wir gleich alle genug, was nun geschehen muss (...)."*

Material Gruppenarbeit (3) M 4

Gruppe 3: Verweltlichung der Kirche (1)

Textquelle: *„Aus der Predigt des Jan Hus“*

„Unsere heutigen Bischöfe und Priester können leider kaum das Ende des Gottesdienstes abwarten und eilen aus der Kirche, die einen in die Wirtshäuser, die anderen hin und her, um sich auf eine für Priester unwürdige Weise zu unterhalten, ja sogar um zu tanzen. So sind diejenigen, welche in der Nachfolge Christi die ersten sein sollten, die größten Feinde unseres Herrn Jesu Christi.“

Bildquelle: *Das Schiff Kirche geht unter*

Textquelle: *Beschwerden auf dem Reichstag zu Worms gegen Papst und Geistliche*

„Der Papst überfordert die deutschen Bischöfe mit großen Unkosten. Die Einkünfte von Pfarreien und Stiftungen aus Deutschland werden in Rom an Büchsenmeister, Falkner, Eseltreiber und Stallknechte und andere untaugliche Personen verliehen, die das übertragene Amt gar nicht selbst versehen können. Dadurch erhalten die Gläubigen keine seelsorgerische Hilfe durch die Priester. (…) Die Ablässe, durch welche der Seelen Heil gewonnen wird und die man eigentlich mit Beten, Fasten, Nächstenliebe und andere gute Werke erlangen sollte, werden für Geld vergeben (…).
Die Seelsorger fordern für ihre Leichenbegräbnisse, Sakramente, das Messelesen Belohnung nach ihrem Gefallen (…). Priester sitzen in Wirtshäusern (…) und wandeln bei Tänzen auf den Gassen mit langen Messern und laiischen Kleidern (…). Zu Zeiten halten die Geistlichen auch offen Wirtschaft [oder] führen eine Gaststätte auf den Krichweihen (…).“

Textquelle: *Klage des Augsburger Bischofs (1517)*

„An die Stelle der Tugend und Heiligkeit unserer Väter sind heute alle Arten von Lastern getreten. Jene widmeten sich der Andacht, gaben Almosen und hielten die Fastenzeit ein, wir raffen überall Reichtümer zusammen. Die Bischöfe und die anderen Geistlichen wollen nicht Christus dienen, sondern durch Christus ein gutes Leben führen. (…) Das Herz bricht mir, und ich kann mich der Tränen nicht enthalten, wenn ich so viele Geistliche sehen muss, denen die Einsamkeit zum Ekel, die Frömmigkeit, Gehorsam und Demut hassenswert geworden sind.“

Material Gruppenarbeit (4) M 4

Gruppe 4: Verweltlichung der Kirche (2)

Textquellen: *Wer soll die Kirche führen?*

Aus einem Beschluss des Konstanzer Konzils (1414–1418):

„Die heilige Synode von Konstanz hat die Gewalt unmittelbar von Gott; jeder (...) auch der Papst, muss ihr gehorchen (...) im Hinblick auf die Reformation der Kirche an Haupt und Gliedern."

Aus einer Rede von Papst Pius II. (1459):

„Dem Papst ist im heiligen Petrus von Christus Vollmacht übergeben, die gesamte Kirche zu regieren und zu leiten (...) Niemand darf es wagen, durch ein Konzil die Gewalt des päpstlichen Stuhls einzuschränken."

Textquelle: *Gespräch eines deutschen Romreisenden*

Der deutsche Humanist Ulrich von Hutten ließ in einem erfundenen Gespräch einen deutschen Romreisenden sagen (1520):

„Drei Dinge erhalten Rom in seiner Würde: des Papstes Ansehen, die Gebeine der Heiligen und der Handel mit dem Ablass. Drei Dinge bringen die, die nach Rom ziehen, mit heim: schlechte Gewissen, verdorbene Mägen und leere Beutel. (...) Drei Gerichte essen die Armen dort: Kohl, Zwiebeln und Knoblauch. Drei andere dagegen die Reichen: Schweiß der Armen, Wucherzinsen und Raub von der Christenheit. (...) Von drei Dingen hört man sehr ungern in Rom: von einem allgemeinen Concilium, von einer Besserung des geistlichen Standes und dass den Deutschen die Augen aufgehen. (...) Drei Dinge könnten Rom wieder in seinen alten und besten Stand setzen: der deutschen Fürsten Ernst, des christlichen Volkes Ungeduld und ein Türkenheer vor den Toren."

Textquelle: *„Berichte über das Leben der Päpste" (fiktiv)*

Der Papst war zu Beginn der Neuzeit nicht nur das Oberhaupt der gesamten Christenheit, er war darüber hinaus ein mächtiger weltlicher Herrscher. Der Kirchenstaat umfasste einen beträchtlichen Teil Italiens und verfügte über ein eigenes Heer. Der päpstliche Palast war von fürstlicher Pracht. Politische Macht, die Erhaltung ihres Reichtums und ein angenehmes Leben waren den Päpsten wichtiger als Glaubensdinge. Nicht selten war bei der Wahl des Papstes Bestechung im Spiel. Wer auf dem Heiligen Stuhl saß, war in der Lage, Günstlingen und Verwandten entsprechende Machtpositionen als Bischof oder Kardinal zu verschaffen. Die Vergabe von kirchlichen Ämtern bedeutete gleichzeitig eine wichtige Einnahmequelle: Wer gut bezahlte, konnte sich ein geistliches Amt erkaufen. Geld benötigte der Hof in großen Mengen. Steuern, Gebühren und Opfergaben dienten der Finanzierung einer aufwendigen Hofhaltung und der Errichtung von Prachtbauten.
Der Lebenswandel der Päpste war alles andere als christlich. Papst Alexander VI. z.B. hatte zahlreiche Frauen und mindestens sechs uneheliche Söhne. Er veranstaltete Festspiele, Jagdgesellschaften und üppige Bankette. Zur Erhaltung seiner Macht schreckte er auch vor Mord nicht zurück. Die Verwendung von Gift wurde zum gebräuchlichen Mittel der päpstlichen Politik.

Material Gruppenarbeit (5) **M 4**

Gruppe 5: Reformbestrebungen

Bildquelle: *„Wallfahrt zum Standbild der* Schönen Maria von Regensburg*“*

Aufgabe:

Beschreibt das Verhalten der Wallfahrer und sucht nach möglichen Erklärungen dafür.

Material Gruppenarbeit (5) M 4

Gruppe 5: Reformbestrebungen

Bildquelle: *Albrecht Dürer „Apokalyptische Reiter", 1498*

Aufgabe:

Versucht die Hauptaussagen dieser Bildquellen mithilfe des unten stehenden Textes herauszufinden. Wie stellt sich demnach die Lage der Menschen um 1500 dar?

Textquelle: *„Gespräch über die Weltsicht der Menschen um 1500." (fiktiv)*

Der Mensch des ausgehenden Mittelalters fühlte sich bedroht von vielerlei Gefahren. Krieg, Hunger, Seuchen – wie die Pest – oder Naturkatastrophen wurden vielfach als Strafe Gottes aufgefasst. Aberglaube und Hexenwahn breiteten sich aus, aber auch tiefe Volksfrömmigkeit. Durch beschwerliche Wallfahrten und Opfergaben wollten die Menschen ihre Seelen vor der ewigen Verderbnis retten. Die Verehrung fragwürdiger Reliquien nahm überhand, der Handel mit angeblichen Überresten von Heiligen war ein einträgliches Geschäft.

Dem Wunsch nach Sündenvergebung kam der Handel mit sogenannten Ablässen entgegen. Ursprünglich bezeichnete dies die Möglichkeit, durch Beichte, Buße und Opfer Nachlass der Sünden zu erlangen. Der vom Papst ausgestellte Ablassbrief versprach dem Gläubigen den Erlass seiner Strafen für begangene Sünden, sofern der Sünder eine entsprechende Geldsumme für einen guten Zweck spendete. Daraus entwickelte sich nun ein Handel, bei dem es nur noch um Geld ging. Es entstand der Eindruck, man könne sich und auch die Verstorbenen von vergangenen und zukünftigen Sünden regelrecht freikaufen.

2. Was kritisierte Martin Luther an der Kirche?

I. Fachliche Vororientierung

Die Kirche des Spätmittelalters ist geprägt von Krisen und Zeichen des Verfalls. Verweltlichung, Geldgier, Pfründenwirtschaft, Sittenlosigkeit und Unbildung der Priester und Mönche sowie die Vernachlässigung der geistlichen Aufgaben des Klerus sind nur einige Beispiele hierfür. Bereits im 15. Jahrhundert machten die deutschen Reichsfürsten in den Gravamina auf Missstände aufmerksam und einige bedeutende Persönlichkeiten forderten vehement eine Reform der Kirche, aber erst durch Martin Luther wird eine nachhaltige und dauerhafte Veränderung herbeigeführt. Luthers Lehre ist geprägt von der Frage nach der Gerechtigkeit Gottes. Er erkennt dabei eine unüberbrückbare Diskrepanz zwischen den Unzulänglichkeiten des Menschen und dem als unerfüllbar gesehenen Anspruch Gottes. In der Auseinandersetzung mit dieser Unvereinbarkeit erkennt Luther, dass Gott nicht ein strafender, sondern ein gnädiger Gott ist, sodass alleine durch den Glauben und die Gnade Gottes das Handeln des Menschen vor Gott gerechtfertigt werden kann. Diese Einsicht wirkt auf Luther und viele seiner Zeitgenossen wie eine Befreiung, die den Erfolg der neuen Lehre begründet.
Luthers öffentliches Auftreten steht in Zusammenhang mit der in der Kirche seit langem üblichen Ablasspraxis. Die Kirche verspricht zunächst gegen bestimmte Leistungen wie Wallfahrten oder Gebete den Erlass der kirchlichen Sündenstrafen. Schließlich wird die Praxis allerdings auf den Erlass sämtlicher eigener Sünden und der von Verstorbenen gegen eine entsprechende Geldzahlung erweitert. Gleichzeitig werden den Menschen die Qualen des Fegefeuers drastisch und bildlich vor Augen geführt. Mit diesem Geschäft der Angst erschließt sich der Papst eine einträgliche Einnahmequelle. So wird im Jahre 1515 von Papst Leo X. ein neuer Ablass ausgeschrieben, dessen Einnahmen dem Bau des Petersdoms dienen sollen. Zu diesem Zweck werden sogenannte Ablassprediger in das Land hinausgeschickt, um dort für die entsprechenden Einnahmen zu sorgen. Als Luther vom Treiben des Dominikanermönchs Johann Tetzel als Ablassprediger in der Nähe Wittenbergs erfährt, verfasst er 95 Thesen zum Sakrament der Buße und markiert damit den Beginn der Reformation.

II. Verlaufsplan der Unterrichtsstunde

Einstieg

- ***Ich möchte heute wesentliche Aspekte der Vorstunde anhand von Bildern und einem kleinen Textauszug wiederholen.***

Folie M 1; M 2; M 3

Vortragen des Textausschnittes über die Verbrennung von Jan Hus

- ***Was hat denn Jan Hus eigentlich kritisiert?***

– Schülerantworten

Rekapitulation anhand der Bildquellen (M 1, M 2); Vortragen eines Textausschnittes (M 3)

- ***Warum fand er denn so viel Gehör mit seiner Kritik (denkt an die Zustände im Reich um 1500)?*** — gel. UG oder Prüfungsgespräch

– Schülerantworten

- ***Nun ereignete sich die Verbrennung Jan Hus' bereits im Jahre 1415. Wir haben aber die Zeit um 1500 betrachtet. Es könnte sich in diesem Zeitraum von knapp hundert Jahren doch einiges geändert haben. Das wollen wir nun überprüfen.***

Folie M 4

- ***Im Jahr 1517 tritt ein Mann hervor, den ihr alle bereits vom Namen her kennt: Martin Luther. Dieser Martin Luther verfasste 1517 95 Thesen (Ansichten) zur Kirche und Situation im Lande. Ich werde euch nun einige wenige davon vortragen:*** — Bild Luthers; ausgewählte Thesen Luthers; LV

These 11: Die Lehre, dass man kirchliche Bußstrafen in Strafen des Fegefeuers umwandeln könne, ist ein Unkraut, das augenscheinlich gesät wurde, als die Bischöfe schliefen (...)

These 50: Man soll die Christen lehren: Wenn der Papst wüsste, wie die Ablassprediger das Geld erpressen, würde er die Peterskirche lieber zu Asche verbrennen, als sie mit Haut, Fleisch und Knochen seiner Schafe aufzubauen (...)

> Zur Info:
>
> Martin Luther gehört zu den am häufigsten dargestellten Personen der deutschen Geschichte. Schon zu Lebzeiten wurden geschätzte 500 Bilder, davon allein mindestens 306 Portraits, von ihm angefertigt; vermutet wird zudem eine hohe Dunkelziffer von Tausenden weiterer unbekannter oder verschollener Abbildungen.

- ***Was stellt ihr fest, nachdem ihr diese Thesen gehört habt?***

– Es hat sich anscheinend nichts zum Positiven verändert

Deswegen lautet das Thema unserer heutigen Stunde:

Themaangabe

Wer war Martin Luther und was kritisierte er an der Kirche? — LV, TA

Erarbeitungsphase 1

- ***Suchen wir Antworten auf diese Fragen müssen wir uns zunächst mit der Person Martin Luthers auseinandersetzen. Ich werde euch nun wichtige Eckpunkte zur Biografie Luthers vortragen, die ihr bitte in die entsprechenden Lücken des Arbeitsblattes, das ihr gleich bekommen werdet, mit Bleistift eintragt. Ziel ist es, dass wir nachher eine Art Steckbrief von Martin Luther erhalten.*** — LV

Arbeitsblatt M 5

AA, Auswertung im gel. UG

„Luther wurde 1483 in Eisleben (Sachsen) geboren. Er entstammte der kinderreichen Familie eines kleinen Bergbauunternehmers. Sein Vater hatte es vom Bergmann zum Grubenbesitzer gebracht. Als Schüler war Martin sehr begabt, deshalb wollte sein Vater, dass er Jura (Rechtswissenschaften) studiert. Deshalb besuchte der junge Luther seit 1488 die Mansfelder Lateinschule, beendete aber schließlich in Eisenach seine schulische Laufbahn. 1501 wurde er an der Universität Erfurt zum Vorstudium zugelassen. Nach dessen Abschluss als Magister begann er 1505 mit einem rechtswissenschaftlichen Hauptstudium. Eines Tages, im Jahre 1505, war er während eines heftigen Gewitters alleine unterwegs. Luther hatte sehr große Angst vor Blitzen und als plötzlich ein Blitz in den Baum neben ihm einschlug, machte er in seiner Not der heiligen Anna ein Versprechen: Wenn er lebend heimkomme, werde er dafür ins Kloster eintreten. So trat Luther dem strengen Orden der Augustiner-Eremiten bei. Im Jahre 1507 erhielt Luther schließlich die Priesterweihe. Von 1508 bis 1510 hielt er philosophische und theologische Vorlesungen in Wittenberg und Erfurt. 1512 wurde er Doktor der Theologie und Professor für Bibelauslegung. In den großen Vorlesungen zwischen 1513 und 1518 bildete sich allmählich Luthers grundsätzlicher Gegensatz zur katholischen Kirche und seine Rechtfertigungslehre aus.“

- ***Jetzt hoffe ich, dass ihr den Steckbrief weitgehend ergänzt habt. Ihr bekommt nun noch eine Minute, um eure Ergebnisse mit denen eures Nachbarn/eurer Nachbarin zu vergleichen und eventuell Ergänzungen vorzunehmen.*** — GA; danach gel. UG
- ***Fangen wir an.***
  ➔ gemeinsames Besprechen des Steckbriefes
- ***Für das Jahr 1510 fehlt ein Aspekt, den wir aber später noch ergänzen werden.***

Erarbeitungsphase 2

- ***Beim letzten Punkt können wir nun gleich einhaken. Luther entwickelte also in seinen Vorlesungen eine andere Auffassung des Glaubens als ihn die Kirche bis dahin vertrat.***
  Wie aber war es dazu gekommen?
  Das hängt mit einem Ereignis im Jahre 1510 zusammen. — gel. UG
- ***Wo muss denn ein Priester unbedingt einmal hinreisen?***

– Nach Rom

Folie M 6

Auswertung einer Bildquelle (M 6) im gel. UG

- ***Genau, das tat er auch im Jahre 1510. Dies könnt ihr jetzt noch nachtragen. Luther besuchte also, wie alle frommen Christen, 1510 den Petersdom. Was er dabei sah, könnt ihr anhand dieser Bildquelle nachvollziehen.***
- ***Was fällt euch auf?***

– Der Petersdom ist unfertig

– Es fehlt die Kuppel

- ***Das heißt doch, dass sich der neue Petersdom gerade im Bau befand und deshalb noch gewaltige Kosten anfallen werden. Wie aber finanziert die Kirche wohl so einen gewaltigen Bau?***

Folie M 7

Auswertung von zwei Quellen (M 7) im gel. UG

- ***Schaut euch hierzu folgende Bildquellen an. Versucht einmal mithilfe des beigefügten Textes zu erklären, was hier dargestellt ist.***

– Man sieht arme Sünder, die um Vergebung bitten

– Im Hintergrund bekommt ein Mönch vom Papst ein Schreiben, das ihn zum Verkauf eines Ablasses ermächtigt

– Gläubige bekommen gegen Geld einen Ablass

– Ein Mönch schreibt alle Einnahmen auf

- ***Wie würdet ihr die Praxis des Ablasshandels in eigene Worte fassen?***

– Vergebung der Sünden gegen Geld

- ***Eine Erklärung für diese Praxis gibt es sehr wohl. Es hatte sich die Auffassung durchgesetzt, dass diejenigen, die nicht nach Rom reisen können, je nach Stand einen Ausgleich zur Finanzierung des Baus des Petersdoms zu zahlen hätten.*** LV
- ***Wie aber könnte man das missverstehen?***

– Wenn man bezahlt, bekommt man sämtliche Sünden erlassen; Reue ist nicht mehr notwendig

Erarbeitungsphase 3

LV, gel. UG

- ***Einer der eifrigsten Ablassprediger war ein Dominikanermönch namens Tetzel. Er war auch in Luthers Heimatregion im Auftrag des Papstes unterwegs, um Ablassbriefe zu verkaufen.***
  Aus ganz Sachsen und Brandenburg strömten die Menschen zu Tetzel, um sich Vergebung zu erkaufen. Luther, der ja in Wittenberg auch als Priester wirkte, hörte natürlich von Tetzels Treiben, auch kamen die Leute zu ihm und zeigten ihm die Ablassbriefe.

- ***Wie reagiert ein streng gläubiger Priester und Theologieprofessor darauf?***

– Er ist entsetzt, er will etwas dagegen unternehmen

- ***Und genau das macht er auch. Er schreibt einen Brief an den Mainzer Erzbischof, der Tetzels Treiben zu verantworten hat. Dieser Brief enthält 95 Behauptungen.***

- ***Das müsste euch jetzt bekannt vorkommen. Was beinhaltet der Brief? Denkt an den Stundenanfang zurück.***

– Luthers 95 Thesen

Textquelle M 8

Auswertung einer Textquelle (M 8) im gel. UG; TA

- ***Wenn ihr euch nun weitere seiner Thesen anschaut, was kritisiert Luther?***

– den Verfall der Kirche
– die Habsucht und den Lebenswandel der kirchlichen Würdenträger
– und vor allem den Ablasshandel

- ***Was schlägt Luther stattdessen vor?***

– Reue statt Ablass
– Wohltätigkeit

- ***Was möchte er damit erreichen?***

– Änderung/Umgestaltung der Kirche

- ***Genau. Weiß jemand von euch vielleicht das lateinische Wort für „Umgestaltung“?***

– reformatio

- ***Aus diesem Begriff entstand schließlich die Bezeichnung für diese Epoche: die Reformation, also die Erneuerung der Kirche.***
  Luthers Brief wurde schnell im ganzen Reich bekannt und damit war durch seine Kirchenkritik ein Prozess in Gang gesetzt worden, der sich zur Reformation auswuchs.

Bewertung

- ***Ihr habt heute viel über die Biografie Luthers und seine Gründe für die Kritik an der Kirche erfahren.***

Bewertung und Sicherung im off./gel. UG

- ***Wenn ihr das von allen Seiten betrachtet, darf ein Priester die Kirche so vehement kritisieren, wie Luther es getan hat? Was meint ihr?***

– Schülerantworten

III. Tafelbild

Wer war Martin Luther und was kritisierte er an der Kirche?

1. Luthers Lebenslauf (Arbeitsblatt M 5)

1483	Geburt in Eisleben (Sachsen) Beruf des Vaters: **Grubenbesitzer/Bergbauunternehmer**
1488–1500	Mansfelder **Lateinschule**, Beendigung der Schule in **Eisenach**
1501	Beginn des Vorstudiums in Eisenach
1505	Abschluss als **Magister**
1505	**Gewitter**-Erlebnis und Schwur gegenüber der **heiligen Anna**
1505	Eintritt in das **Kloster der Augustiner-Eremiten** in Erfurt
1507	**Priesterweihe** Luthers
1508–1510	philosophische und theologische Vorlesungen in Erfurt und **Wittenberg**
1510	**Romreise** Luthers
1512	Doktor der **Theologie** und Professor für **Bibelauslegung**
1513–1518	Herausbildung eines grundsätzlichen **Gegensatzes** zur katholischen Kirche und seiner **Rechtfertigungslehre**

2. Luthers Kritik (Tafelanschrieb)

Missstände:

- Hofhaltung des Papstes
- Ämterkauf und Verweltlichung unter den Bischöfen und Priestern
- Verweltlichung der geistlichen Würdenträger
- Praxis des Ablasshandels: man bezahlt und bekommt sämtliche Sünden erlassen; Reue ist nicht mehr notwendig

➔ Sittenlosigkeit unter den Gläubigen

Luthers Auffassung:

- Gläubige zeigen Glauben und Reue und bekommen durch die Gnade Gottes ihre Sünden erlassen
- Betonung der Wohltätigkeit

1517: Verfassen der 95 Thesen
➔ Forderung nach Umgestaltung der Kirche
➔ Beginn der Reformation

Bildquelle: Verhaftung von Jan Hus

M 1

Bildquelle: Jan Hus' Ausstoß aus dem Priesteramt

M 2

Hintergrundgeschichte zu Jan Hus

M 3

Wir befinden uns im Jahre 1415 auf dem sogenannten Konstanzer Konzil in einem prächtigen Vorhof eines weitläufigen Klosters. Eine große Menschenmenge drängt sich vor den Toren des Klosters, unter ihnen auch wir. Plötzlich öffnen sich die Tore und als erster tritt der deutsche Kaiser Sigismund heraus, gefolgt von Erzbischöfen, Bischöfen, Universitätsprofessoren und weiteren Geistlichen. Und da, es wird ganz still, tritt auch Jan Hus aus dem Kloster.
Laut hallt die Stimme des Kaisers durch den Vorhof des Klosters: ***„Hiermit sage ich dir zu, dass du nun unbehelligt und frei nach Böhmen ziehen darfst.“***
Daraufhin zieht Jan mit einigen seiner Getreuen durch die Straßen. Wir folgen ihm, weil wir ihn für seinen Mut bewundern. Aber da, noch vor den Toren der Stadt, ergreifen plötzlich zwei Männer Jan Hus. Seine Begleiter werden von Soldaten daran gehindert ihm zu helfen.
(➔ Bildquelle M 1)
Sie tragen das Banner des Kaisers mit sich. Nun nehmen sie Jan Hus das Messgewand ab, ein Zeichen dafür, dass er aus dem Kirchenamt ausgestoßen wird.
(➔ Bildquelle M 2)
Wir ringen nach Luft, als wir beobachten, wie sie ihm einen Papierhut aufsetzen auf dem auf Griechisch „Erzbischof der Ketzer“ geschrieben steht. Man zieht ihm ein einfaches Büßergewand an und führt ihn in die Stadt zurück. Was auf dem Marktplatz geschah, wisst ihr selbst. Jan Hus weigerte sich auch noch auf dem Scheiterhaufen, das, was er über die Kirche und die kirchlichen Würdenträger gesagt hatte, zu widerrufen.

Ausgewählte Thesen Martin Luthers

M 4

These 11:
Die Lehre, dass man kirchliche Bußstrafen in Strafen des Fegefeuers umwandeln könne, ist ein Unkraut, das augenscheinlich gesät wurde, als die Bischöfe schliefen (...)

These 50:
Man soll die Christen lehren: Wenn der Papst wüsste, wie die Ablassprediger das Geld erpressen, würde er die Peterskirche lieber zu Asche verbrennen, als sie mit Haut, Fleisch und Knochen seiner Schafe aufzubauen (...)

Luthers Lebenslauf (Arbeitsblatt) M 5

____________________: Geburt in Eisleben (Sachsen).

Beruf des Vaters: __________________________.

1488–1500 Mansfelder __________________, Beendigung der Schule in

__________________.

____________________: Beginn des Vorstudiums in Eisenach.

1505: Abschluss als ___________________________.

1505: ____________________ – Erlebnis und Schwur gegenüber der

____________________.

1505: Eintritt in das ________________________________ in Erfurt.

1507: ____________________ Luthers.

_________________________: philosophische und theologische

Vorlesungen in Erfurt und ____________________.

1510: _______________________ Luthers.

1512: Doktor der ____________________ und Professor für

________________________.

1513–1518: Herausbildung eines grundsätzlichen ____________________

zur katholischen Kirche und seiner _______________________.

Bildquelle: Bau des Petersdoms M 6

Bildquellen zum Ablasshandel

M 7

„Oh, ihr Deutschen,
achtet gut auf mich.
Ich bin der Gesandte (Knecht)
des Heiligen Vaters, des Papstes.
Ich vermittle euch jetzt (allein)
10900 Jahre Gnade und Ablass
von einer Sünde:
Für euch, eure Eltern,
Frauen und Kinder.
Jedem soll so viel (an Ablass)
gewährt werden, so viel er
ins Kästlein legt.
Sobald der Gulden im Becken
(in der Schale) klingt,
sofort die Seele
in den Himmel springt."

Textquelle: Aus den Ablassthesen M 8

These 27: Menschenlehre predigen die, welche sagen: „Sobald das Geld im Kasten klingt, die Seele aus dem Feuer springt."

These 32: Wer meint, durch Ablassbriefe seiner Seligkeit sicher zu sein, der wird ewiglich verdammt mitsamt seinen Lehrmeistern.

These 36: Jeder Christ, der aufrichtig bereut, hat vollkommenen Erlass von Strafe und Schuld – auch ohne Ablassbriefe.

These 43: Man lehre die Christen, dass es besser ist, Armen etwas zu geben und Bedürftigen zu leihen, als Ablässe zu kaufen.

These 86: Warum erbaut der Papst, dessen Vermögen heutigen Tages fürstlicher ist als das der reichsten Geldfürsten, nicht lieber die Peterskirche von seinen eigenen Geldern als von dem Geld armer Gläubiger?

3. Wieso wird Martin Luther auf der Wartburg versteckt?

I. Fachliche Vororientierung

Die ungeheure Wirkung seiner Lehre war Luther anfangs keineswegs bewusst. So bekannte er später „durch Zufall in dieses wogende Getümmel hineingestoßen" worden zu sein. Seine Thesen waren ohne sein Zutun ins Deutsche übersetzt und in vielen gedruckten Exemplaren verbreitet worden. Es folgten schließlich öffentliche Diskussionen mit den namhaftesten Gelehrten der Zeit, in denen Luther seinen Standpunkt entschieden verteidigte und sich zur Aussage, dass nicht nur Päpste, sondern auch Konzilien irren können, gezwungen sah. Schließlich musste auch der Papst erkennen, dass es sich nicht um „Mönchsgezänk" handelte, wie er zunächst noch vermutet hatte, sondern um ein neues Verständnis des Evangeliums. Als Luther seiner Aufforderung, zur Rechtfertigung seiner Lehre nach Rom zu kommen, keine Folge leistete, drohte ihm der Papst mit dem Kirchenbann. Luther vollzog nun den endgültigen Bruch mit Rom und verbrannte die Bannandrohungsbulle. Schließlich verfasste er im Jahre 1520 seine ersten großen Schriften: „An den christlichen Adel deutscher Nation", „Von der Babylonischen Gefangenschaft der Kirche" und „Von der Freiheit eines Christenmenschen".
Luthers Landesherr, Kurfürst Friedrich der Weise von Sachsen, war, wie die meisten seiner Zeitgenossen, von der Notwendigkeit einer Kirchenreform überzeugt. Deshalb stellte er sich schützend vor seinen „Professor", dessen plötzliche Berühmtheit auch die Reputation der Landesuniversität Wittenberg beförderte. Gleichzeitig verschob Papst Leo X. den Ketzerprozess gegen Luther immer wieder, weil er den sächsischen Kurfürsten als Kaiserkandidaten gewinnen wollte. Der schließlich 1519 gewählte Kaiser Karl V. aus dem Hause Habsburg war sofort nach seinem Amtsantritt durch einen Aufstand im spanischen Königreich gebunden, weshalb er sich erst im Jahre 1521 der „Sache Luther" annehmen konnte. All diese Faktoren trugen dazu bei, dass sich die Lehre Luthers weiter ausbreitete.
Nach herkömmlichem Reichsrecht hätte auf den Kirchenbann die Reichsacht folgen müssen. Aber die Reichsstände hatten 1519 Karl V. das Wahlversprechen abgerungen, dass kein Deutscher ohne Verhör verurteilt werden dürfe. So wurde Luther 1521 unter der Zusicherung des freien Geleits zum Reichstag nach Worms geladen.
Als Luther auf dem Reichstag zu Worms ankam, war der Name Luther fast jedermann bekannt. Luther, der trotz der Ängste und Warnungen seiner Freunde nach Worms gekommen war, hegte die Hoffnung, an höchster Stelle seine Lehre erklären zu können. Stattdessen wartete ein Verhör auf ihn, in dessen Verlauf er die Widerrufung seiner Lehre ablehnte, denn nur Belege aus der Bibel hätten ihn in dieser Gewissensfrage umstimmen können. Am darauf folgenden Tag verhängte der Kaiser über Luther und seine Gefolgsleute das Wormser Edikt, in dem die Reichsacht und das Verbot sämtlicher Schriften Luthers angeordnet wurde.
Friedrich der Weise ließ Luther jedoch nicht im Stich, sondern arrangierte auf der Rückreise nach Wittenberg die Entführung Luthers auf die Wartburg. Dort wurde Luther fortan als „Junker Jörg" versteckt. Damit jedermann das Evangelium selbst lesen könne, übersetzte Luther auf der Wartburg das Neue Testament ins Deutsche, später mündete diese Tätigkeit in die erste vollständige Bibelübersetzung.

II. Verlaufsplan der Unterrichtsstunde

Einstieg

- ***Wir haben die letzten beiden Stunden über zwei Persönlichkeiten gesprochen, die beide die Erneuerung der Kirche zum Ziel hatten.***
- ***Dabei sollte euch beim Vergleich der beiden Personen eine Frage ins Auge stechen.***
- ***Warum wurde Martin Luther nicht sofort als Ketzer bezeichnet und wie Jan Hus zum Tode verurteilt?***
- ***Wir hatten ja die letzte Stunde mit dem Bekanntwerden der 95 Thesen im Jahre 1517 beendet. Jetzt wollen wir einen Sprung in das Jahr 1521 machen und schauen, wie es Luther nun ergeht:***

Einbettung der weiteren Geschehnisse in eine narrative Rahmenhandlung durch LV

Wir befinden uns auf dem Platz vor dem Reichstagsgebäude in der Stadt Worms. Plötzlich öffnen sich die Tore und Kaiser Karl V. tritt heraus, gefolgt von den Fürsten des Reiches, die heftig miteinander diskutieren. Ganz zum Schluss tritt Luther etwas unsicher aus dem Reichstagsgebäude heraus. Er sieht ängstlich und verstört aus.
Genau in diesem Moment ruft der Kaiser mit lauter, deutlicher Stimme:* „Hiermit sichere ich dir freies Geleit zu“ *und wendet sich dabei leicht zu Luther hin.

- ***Was fällt euch dazu spontan ein?***

- Auch bei Jan Hus hatte der damalige Kaiser freies Geleit versprochen, um ihn dann kurze Zeit später ergreifen und verbrennen zu lassen

- ***Was mag in diesem Moment in Luther vorgegangen sein?***

- Schülerantworten
- Auch ich werde bald brennen
- Nichts wie weg
- Hoffentlich erlebe ich den nächsten Tag noch
- etc.

- ***Sehr richtig. Ich fahre nun mit den Ereignissen fort:***

Luther bricht sofort völlig verunsichert und um sein Leben bangend die Rückreise nach Wittenberg an. Nach einigen Stunden, Luther ist bereits etwas ruhiger geworden, hört er plötzlich Pferdehufe inmitten eines Waldstücks. Als er aus der Kutsche nach draußen blickt, sieht er schwarze Reiter, die ihre Gesichter unter Hauben verborgen haben. Ein wildes Verfolgungsrennen setzt ein, doch schon bald ist der Kutscher gezwungen, die Kutsche anzuhalten. Die schwarz

LV

gekleideten Männer zerren Luther aus der Kutsche, fesseln ihn, stülpen ihm eine Haube über den Kopf, setzen ihn auf ein Pferd und reiten mit ihm davon.

- ***Was geht nun in eurem und in Luthers Kopf vor?***

– Schülerantworten
– Der Tod ist nahe
– Mein Gefühl hat mich nicht getäuscht
– Erneut bricht ein Kaiser sein Versprechen
– etc.

Folie M 1; M 2

illustrierende Bildquellen, LV

- ***Doch weit gefehlt. Nach einem langen Ritt erreichen die Männer mit Luther die Wartburg, wo Luther erfährt, dass sein Landesvater, der sächsische Kurfürst Friedrich der Weise, seine Kutsche überfallen ließ, um ihn hier auf die Wartburg bei Eisenach in Sicherheit zu bringen.***
  Luther versteht die Welt nicht mehr und wendet sich entrüstet an Friedrich den Weisen:
  Luther: *„Warum soll ich hier auf der Burg hocken, wo ich niemanden von meiner Lehre überzeugen kann?“*
  Friedrich der Weise: *„Du bist in großer Gefahr. Denk an Jan Hus – du weißt doch genau, was mit ihm geschehen ist.“*

- ***Hier stellt sich doch die Frage, was war zwischen 1517 und 1521 geschehen. Oder anders formuliert:***

Themaangabe

Wieso wird Martin Luther auf der Wartburg versteckt?

LV
TA

Erarbeitungsphase 1

Aktionskarten M 3

Rekapitulation, Präsentation der Aktionskarten (M 3) im SV

- ***Ihr seid heute als Historiker gefragt, denn wie Detektive müsst ihr nach Motiven suchen, warum es besser ist, Luther auf der Wartburg zu verstecken. Es sind aber eine Menge weiterer Fragen zu beantworten.***
  Welches Interesse an Luther hat Friedrich der Weise?
  Was soll Luther auf der Wartburg machen?
  Wann kann Luther die Wartburg wieder verlassen?
  Was passiert in der Zwischenzeit mit der Reformation?

	Arbeitsblatt M 6
• ***Nun, ich werde euch etwas bei eurer Detektivarbeit unterstützen. Jedes Mal, wenn ihr eine Frage ausreichend beantwortet, bekommt ihr einen Buchstaben genannt. Die Buchstaben ergeben dann das Lösungswort für das, was Luther auf der Wartburg tat. Außerdem dürft ihr von diesem Stapel eine neue Karte ziehen, die weitere Informationen enthält.***	Ergebnisse werden auf dem Arbeitsblatt (M 6) notiert; erg. LV
• ***Gehen wir also nochmals ins Jahr 1517 zurück. Hierzu darf einer von euch die Aktionskarte 1 (M 3) ziehen und vorlesen. Unser Tatort 1 ist Wittenberg.***	
Vorlesen des Textes der Aktionskarte 1.	
• ***Wie reagiert wohl die Kirche darauf?***	
– Die Kirche sagt, Luther irrt – Die Kirche ist entrüstet – etc.	
• ***Auf welches geschriebene Werk könnte sich Luther bei seiner Argumentation beziehen?***	
– auf die Bibel	
• ***Ja, Luther besteht darauf, durch die Bibel widerlegt zu werden.***	
• ***Alle Fragen sind richtig beantwortet, somit können wir die Ergebnisse festhalten (Buchstabe: B). Gehen wir zu unserem zweiten Tatort. Es handelt sich dabei um die freie Reichsstadt Augsburg.***	Notieren der Ergebnisse auf AB M 6 (Pos. 1)
Vorlesen des Textes der Aktionskarte 2.	
• ***Was passierte, nachdem Luther seine Thesen veröffentlicht hatte und nicht bereit war, diese zurückzunehmen?***	
– Ein Ketzerprozess wird gegen Luther eingeleitet – Friedrich der Weise erwirkt ein Verhör auf deutschem Boden – Verhör durch den päpstlichen Gesandten Cajetan in Augsburg – Luther widerruft nicht	
• ***Luther muss jetzt extrem um sein Leben fürchten, weswegen er noch nachts aus Augsburg flieht.***	erg. LV
• ***Auch diese Fragen sind richtig beantwortet und wir können das Arbeitsblatt ergänzen (Buchstabe L). Wir schreiten zum nächsten Tatort, der Leipzig ist.***	Notieren der Ergebnisse auf AB M 6 (Pos. 0; Pos. 2; Pos. 3)

Vorlesen des Textes der Aktionskarte 3.	
• ***Was war das Ergebnis des Streitgesprächs zwischen Luther und Eck?***	
– Luther sagt im Laufe des Gesprächs, dass nicht nur der Papst, sondern auch Konzilien irren können	
• ***Auch diese Frage ist richtig beantwortet und wir können das Arbeitsblatt ergänzen (Buchstabe I). Wir schreiten zum nächsten Tatort, der wieder Wittenberg ist.***	Notieren der Ergebnisse auf AB M 6 (Pos. 4; Pos. 5)
	Folie M 4
Vorlesen des Textes der Aktionskarte 4. Auflegen der Quelle M 4 (Folie)	Auswertung einer Textquelle (M 4) im gel. UG
• ***Welches Recht gesteht Luther allen Getauften zu?***	
– Nach dem Evangelium sind alle Getauften zugleich Priester	
• ***Welche Folgen musste Luthers Wort vom „allgemeinen Priestertum" haben?***	
– Die Institution der Kirche kann damit abgeschafft werden und mit ihr alle geistlichen Würdenträger – Die einzige Glaubensinstanz ist die Heilige Schrift (Bibel)	
• ***Jetzt geht es aber richtig zur Sache. Ergänzen wir schnell das Arbeitsblatt, damit wir zum nächsten Tatort gehen können (Buchstabe E). Dabei handelt es sich erneut um Wittenberg.***	Notieren der Ergebnisse auf AB M 6 (Pos. 6)
	Folie M 5
Vorlesen des Textes der Aktionskarte 5. Auflegen der Bildquelle M 5 (Folie)	Auswertung einer Bildquelle (M 5) im gel. UG
• ***Was geschieht also als nächstes?***	
– Bannandrohung (Ausschluss aus der Kirche) – Luther verbrennt die Bulle	
• ***Nachdem das so einfach war, habe ich eine weitere Frage: Was bedeutet das für Luther selbst?***	
– Sein Leben ist akut bedroht – Luther hat sich damit endgültig von der Kirche gelöst	
• ***Luther und seine Glaubensauffassung hatten im Reich in der Zwischenzeit so viele Anhänger, dass eine Kirchenspaltung nicht mehr ausgeschlossen war.***	erg. LV

- ***Ihr merkt, wir nähern uns immer mehr den Geschehnissen in Worms an. Zunächst müssen wir aber das eben Besprochene auf unserem Arbeitsblatt festhalten (Buchstabe B). Nun könnt ihr aus den bisherigen Buchstaben bereits das erste Lösungswort bilden. Ihr müsst dabei mit den Buchstaben etwas jonglieren.***

Notieren der Ergebnisse auf AB M 6 (Pos. 7; Pos. 8)

- ***Wie lautet demnach das erste Lösungswort?***

– Bibel

- ***Sehr gut. Und schon sind wir bei unserem letzten Tatort, der da Worms heißt.***

Vorlesen des Textes der Aktionskarte 6.

- ***Wieso wurde Luther nicht sofort als Ketzer hingerichtet, sondern durfte auf dem Reichstag zu Worms auftreten?***

– Vor der Kaiserwahl hatten die Fürsten und der Kaiser vereinbart, dass kein Deutscher ohne Verhör verurteilt werden darf

- ***Für diese Antwort bekommt ihr den Buchstaben D. Er ist der Anfangsbuchstabe für das zweite Lösungswort.***

- ***Wie wird das Lösungswort wohl heißen?***

– Deutsche

- ***Sehr gut. Wir haben jetzt zwar das Lösungswort, wir gehen aber nochmals nach Worms zurück.***

Erarbeitungsphase 2

- ***Wir sind immer noch auf dem Reichstag zu Worms, von dem wir bereits am Beginn unserer Stunde gesprochen haben. Das heißt, wir haben den Fall „Die Entführung Luthers" schon fast gelöst. Uns fehlt lediglich die Information darüber, was dort eigentlich genau passiert ist. Der Reichstag hatte ja bereits im Vorfeld in der Bevölkerung große Unruhe ausgelöst. Ein päpstlicher Gesandter schrieb nach Rom:***

  „Ganz Deutschland ist in hellem Feldgeschrei ‚Luther!' und der Rest schreit auch noch ‚Tod dem römischen Hof!'"

gel. UG;
Notieren auf AB M 6 (Pos. 9)

	Folie M 7; M 8
• ***Schaut euch das Bild (M 7) an. Es zeigt Luther auf dem Reichstag zu Worms.*** • ***Was genau ist dort passiert? Lest dazu folgende Quelle leise durch.***	illustr. Bildquelle (M 7); Auswertung einer Textquelle (Folie M 8) im gel. UG;
• ***Warum lehnt Luther es ab, auf dem Reichstag zu widerrufen? Denkt dabei an das bereits Besprochene.*** – Nur Belege aus der Bibel hätten ihn überzeugen können • ***Worauf gründet er seine Überzeugung?*** – auf sein Gewissen • ***Stellt sich die Frage, wie der Kaiser darauf reagiert. Einen Teil der Reaktionen haben wir bereits am Anfang gehört. Jetzt interessiert uns natürlich auch noch der Rest.*** • ***Du bist der Kaiser. Lies doch mal die Quelle (M 8) vor.***	Vorwissen: notieren der Ergebnisse auf AB M 6 (Pos. 10)
• ***Was genau sagt also der Kaiser?*** – freies Geleit – Ein Einzelner muss irren – Predigtverbot für Luther – Verbot seiner Schriften	gel. UG; Notieren der Ergebnisse auf AB M 6 (Pos. 11)
• ***Einige Tage später verhängt Kaiser Karl V. die Reichsacht über Luther, das heißt, er ist vogelfrei und darf damit von jedermann getötet werden, ohne dass dies eine Strafe nach sich ziehen würde.***	erg. LV

Bewertung

• ***Unsere Ausgangsfrage war: „Wieso wird Luther auf der Wartburg versteckt?“*** • ***Welche Antworten könnt ihr mir jetzt geben?*** – Schülerantworten – Reichsacht – Gefahr für Luthers Leib und Leben – Bruch mit Kirche – Verbannung aus der Kirche	Bewertung und Sicherung im off./gel. UG

Bildquelle: Ankunft Luthers auf der Wartburg M 1

Bildquelle: Friedrich der Weise M 2

Aktionskarten *(bitte in der Mitte falten und gegeneinander verkleben)* M 3

Aktionskarte

1

Die Thesen Luthers entfalteten eine große Wirkung, da sie sich durch den neu erfundenen Buchdruck in beliebiger Zahl vervielfältigen ließen und dadurch schnell verbreitet wurden. Bereits nach vier Wochen waren die Thesen im ganzen Reich bekannt. Sie wirkten auf die Bevölkerung wie ein zündender Funke.

- ***Wie reagiert wohl die Kirche darauf?***
- ***Auf welches geschriebene Werk könnte sich Luther bei seiner Argumentation beziehen?***

Aktionskarte

2

Wie ihr richtig festgestellt habt, geht Luther auf die Forderung des Papstes, seine Aussagen zu widerrufen, nicht ein, weshalb der Papst 1518 einen Ketzerprozess gegen Luther einleitet. Deshalb soll Luther nach Rom kommen, aber Luthers Landesherr Friedrich der Weise setzt sich für ihn ein und so wird er auf deutschem Boden durch den päpstlichen Gesandten Cajetan in Augsburg (Fuggerhof) verhört. Luther weigert sich aber erneut seine Thesen zu widerrufen.

- ***Fasst nochmals zusammen: Was passierte, nachdem Luther seine Thesen veröffentlicht hatte und nicht bereit war, diese zurückzunehmen?***

Aktionskarte

3

In der Folgezeit wandte sich Luther immer wieder an den Papst und bat ihn um ein Streitgespräch mit theologischen Gelehrten. Schließlich ging der Papst im Jahre 1519 darauf ein, sodass in Leipzig ein Streitgespräch zwischen Luther und dem Theologieprofessor Eck stattfand. Eck drängte während des Gesprächs Luther in die Enge, sodass Luther folgenden Satz von sich gab: „Nicht nur Päpste, sondern auch Konzilien können irren."

- ***Was war das Ergebnis des Streitgesprächs zwischen Luther und Eck?***

Aktionskarten (bitte in der Mitte falten und gegeneinander verkleben) M 3

Aktionskarte

4

In der Öffentlichkeit zog der Streit Luthers mit der Kirche immer mehr Aufmerksamkeit auf sich. Seine Schriften verkauften sich wie „warme Semmeln", denn jeder wollte Bescheid wissen. Eine dieser Schriften befindet sich im Besitz eurer Lehrerin/eures Lehrers. Bittet ihn doch, euch einen Auszug aus dieser Schrift vorzulegen. Ihr solltet diesen lesen und danach folgende Fragen beantworten können.

- ***Welches Recht gesteht Luther allen Getauften zu?***
- ***Welche Folgen musste Luthers Wort vom „allgemeinen Priestertum" haben?***

Aktionskarte

5

Der Bruch zwischen Luther und der alten Kirche schien nun unvermeidlich. Der Papst drohte Luther im Jahre 1520 den Kirchenbann (Ausschluss aus der Kirche) an, wenn er nicht innerhalb von 60 Tagen seine Thesen zurückziehe. Luther ließ diese Frist verstreichen, ja er verbrannte sogar demonstrativ die Bannandrohungsbulle.

- ***Bittet eure Lehrerin/euren Lehrer die entsprechende Bildquelle zu dem eben Geschilderten aufzulegen und fasst mit deren Hilfe die Geschehnisse nochmals zusammen.***

Aktionskarte

6

Luther kam in der Folge eine Zusicherung des Kaisers zugute, der die Kurfürsten bei seiner Wahl zum Kaiser 1519 dadurch für sich gewinnen konnte, indem er ihnen zugesagt hatte, dass kein Deutscher ohne Verhör verurteilt werden darf.
Deshalb wurde Luther unter Zusicherung des freien Geleits zum Reichstag nach Worms geladen.

- ***Wieso wurde Luther nicht sofort als Ketzer hingerichtet?***

Aus Luthers Reformschrift: „An den christlichen Adel deutscher Nation" (1520) M 4

„Man hat erfunden, dass Papst, Bischof, Priester, Klostervolk der geistliche Stand genannt wird, Fürsten, Herren, Ackerleut und Handwerker der weltliche Stand. Aber es sind alle Christen wahrhaftig geistlichen Stands. Unter ihnen ist kein Unterschied (…). Wir werden alle durch die Taufe zu Priestern geweiht (…). Die Romanisten [Anhänger des Papstes] behaupten, dass die Priester allein Meister der Heiligen Schrift sein wollen (…) Aber wir sind ja alle Priester: Wie sollten wir denn auch nicht Macht haben, zu urteilen, was da Recht und Unrecht im Glauben wäre."

Bildquelle: Verbrennung der Päpstlichen Bannbulle **M 5**

Bulla contra Erro
res Martini Lutheri
et ſequacium.

Titelblatt der Bannbulle gegen Luther

Luther verbrennt die Bannbulle

Arbeitsblatt (Folie) **M 6**

Wieso wird Luther auf der Wartburg versteckt?

1517:
Luthers 95 Thesen gegen den Ablasshandel und für die Reformation der Kirche finden rasche Verbreitung.

Reaktion des Papstes

1518: ____________________
____

Augsburg: ____________________
____

Leipzig 1519: ____________________
____

1520: ____________________
____

Reaktion Luthers

– ____________________
____

– ____________________
____

– ____________________
____

– ____________________
____

Reaktion des Kaisers

1521: ____________________
____

Karl V.: ____________________
____

Reaktion Luthers

– Luther ____________________
____
____
____
____

➔ *Luther wird vom sächsischen Kürfürsten Friedrich dem Weisen auf der Wartburg versteckt und dort übersetzt er die __________ ins __________.*

Arbeitsblatt (Lösung) **M 6**

Wieso wird Luther auf der Wartburg versteckt?

1517:
Luthers 95 Thesen gegen den Ablasshandel und für die Reformation der Kirche finden rasche Verbreitung.

Reaktion des Papstes

1518: **Papst droht mit Ketzerprozess *(Pos. 0)***

Augsburg: **Verhör durch päpstlichen Gesandten Cajetan *(Pos. 2)***

Leipzig 1519: **theologisches Streitgespräch mit Eck *(Pos. 4)***

1520: **Bannandrohung (Ausschluss aus der Kirche) *(Pos. 7)***

Reaktion Luthers

- **Luther will Thesen nur zurückziehen, wenn sie durch die Bibel widerlegt werden *(Pos. 1)***
- **Luther widerruft nicht *(Pos. 3)***
- **Luther: „Nicht nur Päpste, sondern auch Konzilien können irren" *(Pos. 5)***
- **Heilige Schrift als einzige Glaubensinstanz *(Pos. 6)***
- **Luther verbrennt Bannbulle *(Pos. 8)***

↓

Reaktion des Kaisers

1521: **Karl V. beruft Reichstag nach Worms *(Pos. 9)***

Karl V.: **verhängt gegen Luther die Reichsacht *(Pos. 11)***

Reaktion Luthers

- Luther **widerruft nicht: „Gegen das Gewissen zu handeln ist weder sicher noch heilsam." *(Pos. 10)***

➔ *Luther wird vom sächsischen Kürfürsten Friedrich dem Weisen auf der Wartburg versteckt und dort übersetzt er die **Bibel** ins **Deutsche**.*

Bildquelle: Luther auf dem Reichstag zu Worms

M 7

Erklärung Kaiser Karls V. in Worms nach Luthers Verhör

M 8

„Denn es ist sicher, dass ein einzelner Bruder in seiner Meinung irrt, wenn diese gegen die der ganzen Christenheit, wie sie seit mehr als tausend Jahren und heute gelehrt wird, steht, denn sonst hätte ja die ganze Christenheit heute und immer geirrt (…).
Nachdem ich die hartnäckige Antwort Luthers vernommen habe, erkläre ich:
Es reut mich, dass ich es so lange aufgeschoben habe, gegen diesen Luther und seine falsche Lehre vorzugehen. Ich bin entschlossen, ihn nicht weiter anzuhören, sondern will, dass er unverzüglich nach Hause geschickt werde. Das freie Geleit soll ihm, wie zugesagt, gehalten werden, aber er soll nicht predigen noch dem Volke seine böse Lehre vortragen (…).“

4. Wie kam es zum Bauernkrieg und wie endete er?

I. Fachliche Vororientierung

Die Bauern des 15./16. Jahrhunderts waren kein einheitlicher Stand, denn neben wenigen freien gab es vor allem abhängige und leibeigene Bauern, die einem adeligen Grundherrn, einem Kloster oder einem Landesfürsten unterstanden und diesem gewisse Abgaben und Dienste schuldig waren. Die Art der Selbstständigkeit und der freie Gebrauch der Allmende, d.h. der dörflichen Wald-, Wasser- und Weideflächen, variierten häufig von Gebiet zu Gebiet, ja von Dorf zu Dorf. Die Fürsten führten schließlich landesweit das römische Recht ein, das die Bauern zu Untertanen ohne Mitspracherechte abstempelte. Die wohlhabenden und selbstbewussten Bauern kämpften aber um ihr altes Recht, also für die Freiheit, in ihrem Dorf selbst bestimmen zu können. Aus dieser rechtlich ungesicherten Lage heraus verfestigte sich bei vielen Bauern das Gefühl, immer weniger Rechte zu besitzen und von den Obrigkeiten gedemütigt und finanziell ausgebeutet zu werden. Die Reformation hatte die Autorität der Kirche infrage gestellt und Luthers Schrift „Von der Freiheit eines Christenmenschen“ wurde von den Bauern so verstanden, dass sie sich von rechtlicher und wirtschaftlicher Unterdrückung befreien können. So wurde aus dem Kampf für das alte Recht der Kampf für das göttliche Recht, das sich allein auf das Evangelium stützte. Auf diesem Recht basierte die im Februar 1525 vom Kürschnergesellen Sebastian Lotzer verfasste grundlegende Programmschrift „Die Zwölf Artikel der Bauernschaft in Schwaben“. Das Aufbegehren der Bauern wurde von anderen unzufriedenen Bevölkerungsgruppen, wie etwa den Reichsrittern, unterstützt, welche durch den Aufbau neuer staatlicher Verwaltungen ihre politische Autonomie und wirtschaftliche Existenzgrundlage bedroht sahen und mithilfe der Reformation für ihren Stand eine gerechte Ordnung erreichen wollten.
Nachdem im Schwarzwald in einem offenen Aufruhr im Jahre 1524 die Bauern ihren Grundherrn den Gehorsam verweigerten, breiteten sich die Aufstände wie ein Flächenbrand über das Allgäu und Oberschwaben aus und erfassten im Frühjahr 1525 auch Franken, das Elsass und Thüringen. Um ihren Forderungen mehr Nachdruck verleihen zu können, rotteten sich die Bauern in großer Zahl zu sogenannten Haufen zusammen, die aus 5000 bis 12000 Mann bestanden. Währenddessen bereiteten die Fürsten den Gegenschlag vor und versuchten durch hinhaltende Verhandlungstaktik Zeit zu gewinnen, um Truppen zusammenzuziehen. Aufseiten der Bauern setzten sich immer mehr die Radikalen durch, sodass in der Folge Burgen und Schlösser angezündet, Klöster geplündert und Urkunden vernichtet wurden. Ende April 1525 hatte Luther sich an die Adeligen und Bauern gewandt und beide Seiten zu Kompromissen aufgefordert und darauf hingewiesen, dass das Evangelium nicht für weltliche Zwecke missbraucht werden dürfe. Als Luther in Thüringen die von den Aufständischen unter ihrem Anführer Thomas Müntzer verursachten Verwüstungen sah, veröffentlichte er die Schrift „Wider die mörderischen und räuberischen Rotten der Bauern“, in der er die Obrigkeit zu einem schärferen Vorgehen gegen die Bauern aufforderte. Die kriegserfahrenen Landsknechte der Fürsten besiegten schließlich die Bauernhaufen, einen nach dem anderen. Oft handelte es sich dabei um ein regelrechtes Abschlachten. Damit war der Aufstand gescheitert, die Bauern blieben die Untertanen ihrer Herren. Die Bauern fühlten sich von Luther unverstanden und verraten, was dazu führte, dass die Reformation von nun an keine Volksbewegung mehr war, sondern vom Wohle der Landesfürsten abhing.

II. Verlaufsplan der Unterrichtsstunde

Einstieg

- ***Wir haben die letzte Stunde über die Ereignisse auf dem Wormser Reichstag und die anschließende Entführung Luthers gesprochen.***

gel. UG

- ***Wieso widerruft Luther seine Aussagen zur katholischen Kirche nicht?***

– Einzige Glaubensgrundlage ist die Bibel, nicht der Papst oder Konzilien

- ***Bereits vor dem Reichstag in Worms entwickelt Luther seine evangelische Lehre, die ja ursprünglich von den 95 Thesen ausging, mit drei großen Reformschriften weiter. Wir haben eine Passage aus „An den christlichen Adel deutscher Nation" gelesen und festgestellt, dass diese Schrift gewaltigen Sprengstoff für die damalige Zeit beinhaltete.***

- ***Was ist der Sprengstoff, den ich meine? Könnt ihr euch erinnern?***

– Luther hob den „erfundenen" Unterschied zwischen Priestern und Laien auf
– Nach dem Evangelium seien alle Getauften Priester

- ***Jetzt kommt eine Überlegungsfrage: Welche Bevölkerungsgruppen werden sich denn von dieser Auffassung besonders angesprochen fühlen?***

– der gemeine Mann
– die Bauern (Grundherrschaft)
– alle Abhängigen
– etc.

- ***Welche Möglichkeiten haben die Bauern nun, um zu ihrem Recht zu kommen?***

– auf friedlichem Wege einfordern (Demonstration; Arbeitsverweigerung, passiver Widerstand)
– gewalttätige Aufstände

Folie M 1

- ***Das habt ihr sehr richtig erkannt. Ich zeige euch jetzt kurz ein Bild und euch dürfte sofort klar sein, für welche Variante man sich entschied.***

Auswertung einer Bildquelle (M 1) im gel. UG

- ***Was sieht man?***

– Sie entschieden sich für den gewaltsamen Widerstand

- ***Deswegen lautet das Thema der heutigen Stunde:***

Themaangabe

Wie kam es zum Bauernkrieg und wie endete er?

LV
TA

Erarbeitungsphase 1

- ***Wie aber sahen diese Aufstände aus. Ich habe hier zwei Bilder, die sehr klar darstellen, wie man sich das Ganze vorstellen muss.***

Auswertung von zwei Bildquellen im gel. UG, erg. LV

Folie M 2

- ***Was ist auf dem ersten Bild zu sehen?***

Bildquelle (M 2)

– Bewaffnete Bauern ziehen auf ein Kloster/eine Kirche zu
– Ein bewaffneter Mann stellt sich ihnen entgegen
– Im Hintergrund fliehen die Mönche

- ***Dieses Bild zeigt das Kloster Weißenau. Welchen Grund haben die Bauern gegen das Kloster vorzugehen?***

– Der Abt des Klosters war ihr Grundherr, an den sie hohe Abgaben zahlen mussten

Folie M 3

- ***Was ist auf dem zweiten Bild zu sehen?***

Bildquelle (M 3)

– Das Kloster wird geplündert
– Man sieht im Klostergebäude Mönche bei einem Gelage
– Man sieht kämpfende und tote Männer im Klosterhof
– Es werden Weinfässer abtransportiert, Fische aus dem Teich genommen/gefangen etc.

- ***Haben wir mit dem eben Besprochenen bereits eine Antwort auf unsere Frage gefunden?***

– nein, nicht wirklich

- ***Das heißt, wir müssen weitere Quellen studieren. Das tun wir jetzt.***

Erarbeitungsphase 2

- ***Nun, Weißenau war kein Einzelfall. Die bewaffneten Bauern stellten überall Forderungen an ihre Herren auf, die sie oft „Artikel" nannten. Einen Auszug aus diesen Artikeln habe ich euch mitgebracht. Lesen wir doch einmal die Artikel zusammen.***

LV

Arbeitsblatt M 4

- ***Jetzt nehmt bitte einen Stift und unterstreicht zusammen mit eurem Nachbarn die zentralen Passagen in diesen Forderungen.***

Auswertung einer Textquelle in PA (M 4); gel. UG; TA

- ***Skizziert nochmals ganz kurz die Lage der Bauern.***

– Leibeigenschaft
– Abgaben an Fürsten und Kirche
– Frondienste

- ***Welche Rechte, die die Bauern bisher nicht hatten, fordern sie nun ein?***

– Gemeinde wählt den Pfarrer (bisher keine Mitsprache)
– Der Zehnt wird nur an Pfarrer und Arme gezahlt
– Abschaffung der Leibeigenschaft (Begründung: Bibel)
– Jagd- und Fischereirechte für jedermann
– Wald als Gemeindewald
– keine neuen Dienste

- ***Woran erinnern euch diese Forderungen?***

– an die Thesen Luthers

- ***Und was ließ und lässt Luther als einzige Begründung für Rechte und Pflichten gelten?***

– die Bibel

- ***Und auf was berufen sich die Bauern?***

– auf die Bibel

- ***Wie glaubt ihr, hat Luther reagiert, als er von den Aufständen der Bauern hörte?***

– Schülerantworten
– wahrscheinliche Antwort: Luther unterstützte sie in ihrem Tun

- ***Ob ihr recht habt, schauen wir uns jetzt gemeinsam an.***

Erarbeitungsphase 3

• ***Luther äußerte sich in einer seiner Schriften zum Bauernkrieg.*** ***Die folgende Textquelle ist ein Auszug daraus.***	LV
• ***Wogegen spricht sich Luther in dieser Schrift deutlich aus?*** – gegen Ungehorsam, Aufruhr, Mord, Gotteslästerung, Klöster- und Kirchenplünderungen	**Folie M 5** Auswertung einer Textquelle (M 5) im gel. UG; erg. LV; TA
• ***Was sagt ihr dazu?*** – Schülerantworten – (wahrscheinlich): Luthers Verhalten verstehen wir nicht	
• ***Nun, anfangs hatte Luther tatsächlich Sympathie für die Bauern, dies änderte sich allerdings bald. Warum das so war, wollen wir gleich herausfinden. Bleiben wir zunächst aber noch bei unserer Quelle.***	LV
• ***Was darf oder soll man Luthers Meinung nach mit den aufrührerischen Bauern machen?***	
– Man darf sie umbringen, denn Christen sollen Unrecht und Übel erdulden und sind der Obrigkeit gegenüber verpflichtet	TA
• ***Wie steht also Luther den Bauern insgesamt gegenüber?*** – Er lehnt ihr Vorgehen ab – Gotteslästerer – Er ist sogar davon angewidert (aus seinen Erfahrungen bei einer Rundreise, dort sieht er ihre Verwüstungen)	
• ***Haben wir nun Antworten auf unsere Ausgangsfrage gefunden?*** – Schülerantworten – Teilweise, wir wissen nun, dass sich die Bauern bei ihren Aufständen auf Luther und die Bibel beriefen und dafür von Luther aufs heftigste verurteilt wurden	

Erarbeitungsphase 4

- ***Jetzt wird es aber Zeit, dass wir uns ansehen, wo die Aufstände begannen und wo im Reich sie vor allem wüteten.***

Folie M 6

Auswertung einer Karte (M 6) im gel. UG; erg. LV

- ***Wo und wann begann der Bauernaufstand?***

– Er begann im südlichen Schwarzwald

- ***Wie weitete er sich schließlich aus?***

– Der Aufstand dehnte sich wie ein Flächenbrand über das Allgäu und Oberschwaben aus, erfasste dann Franken, das Elsass und Thüringen

Folie M 7

illustrierende Bildquelle (M 7) LV; TA

- ***Um den eigenen Forderungen mehr Nachdruck zu verleihen, rotteten sich die Bauern in sogenannten „Haufen" zusammen (5000 – 12000 Mann). Teilweise schlossen sich ihnen auch Reichsritter an, die Angst davor hatten, an Einfluss und Macht gegenüber dem Kaiser zu verlieren, sodass man auch vom Aufstand des „gemeinen Mannes" (einfachen Mannes) sprach.***

Folie M 8

Auswertung einer Bildquelle (M 8) im gel. UG; erg. LV

- ***Jetzt stellt sich nur noch die Frage, ob die Bauern mit ihren Aufständen und Forderungen erfolgreich waren. Blicken wir hierzu nochmals zurück nach Weißenau. Erneut können wir die Frage anhand einer Bildquelle beantworten.***

- ***Waren die Bauern erfolgreich?***

– Anscheinend nicht, denn sie müssen am Ende der Kämpfe dem Abt von Weißenau erneut huldigen, also ihm erneut die Treue schwören

- ***Ihr habt das sehr richtig erkannt. Im Folgenden werde ich euch nun genauere Informationen zum Verlauf des Bauernkrieges geben. Eure Aufgabe ist es, genau zuzuhören, sodass wir anschließend das Wesentliche zusammenfassen können.***

LV; TA

- ***Es war so: Zunächst waren die Adeligen und Gutsherrn so von der Wut und Wucht der Aufstände überrascht, dass ihnen nichts anderes übrig blieb, als auf bestimmte Forderungen einzugehen bzw. Versprechungen zu leisten. Währenddessen organisierten die Fürsten allerdings im Geheimen ein Heer aus Landsknechten, das mit der Niederschlagung der Aufstände beauftragt wurde. Nach und nach wurden nun alle Aufständischen besiegt, die letzten***

im Jahre 1526. Es waren das allerdings keine normalen Kämpfe, sondern ein regelrechtes Abschlachten der Bauern. Dazu war es gekommen, weil die städtische Unter- und Mittelschicht die Bauern nicht unterstützte, die einzelnen Bauernhaufen nicht gemeinsam kämpften, sie nur über unzureichende Bewaffnung verfügten, erfahrene Anführer fehlten und sie sich durch die Versprechungen der Fürsten hinhalten ließen.

- ***Welche Gründe für das Scheitern der Bauernaufstände wurden von mir soeben genannt?*** TA

- unterlegene Ausrüstung, schlechte Bewaffnung
- fehlende politische und militärische Führer
- keine wechselseitige Unterstützung
- keine Unterstützung durch die städtische Unter- und Mittelschicht
- man ließ sich zu lange hinhalten

Bewertung

- ***Was bedeutet das Scheitern der Bauernaufstände für die Bauern selbst?*** Bewertung im off./gel. UG; erg. LV

- Abschlachten der Bauern
- große Demütigung, Hoffnungslosigkeit
- etc.

- ***Einige der Zugeständnisse, die die Fürsten gemacht hatten, blieben aber in Kraft, denn man wollte einen neuerlichen Konflikt verhindern.*** erg. LV

III. Tafelbild

Wie kam es zum Bauernkrieg und wie endete er?

Die Lage der Bauern:

- Leibeigenschaft
- Abgaben an Fürsten und Kirche
- drückende Frondienste

↓

Es werden die 12 Artikel formuliert:

- Forderung nach:
  - Abschaffung der Leibeigenschaft
  - Minderung der Abgaben und Dienste
  - Jagd- und Fischereirechte für jedermann
  - Wald als Gemeindewald
- Berufung auf Luther und die Bibel

↓

Weitere Entwicklung:

- Verhandlungen mit den Fürsten
- Bewaffnung, Zusammenrottung zu Haufen
- Plünderungen; Kämpfe gegen die Obrigkeit
- scharfe Kritik Luthers („räuberische und mörderische Rotten“)

↓

Reaktion der Fürsten:

- Hinhaltetaktik und nur geringe Zugeständnisse
- Einsetzung von Söldnerheeren
- grausame Niederschlagung der Aufstände

↓

Gründe für das Scheitern:

- unterlegene Ausrüstung, schlechte Bewaffnung
- fehlende politische und militärische Führer
- keine wechselseitige Unterstützung
- keine Unterstützung durch die städtische Unter- und Mittelschicht
- Hinhaltetaktik der Fürsten

Bildquelle: Bauern des Bundschuhs bedrohen einen Ritter

M 1

Bildquelle: Bewaffnete Bauern im Anmarsch auf ein Kloster

M 2

Bildquelle: Plünderung des Klosters Weißenau

M 3

Textquelle: Die Zwölf Artikel der Bauernschaft M 4

Dye Gründtlichen Vnd rechten haupt Artickl/aller Baur-
schafft vnd Hyndersessen der
Gaistlichen vnd Weltli-
chen oberkaytē/von
wölchen sy sich
beschwert ver-
mainen.

1. Jede Gemeinde soll ihren Pfarrer selbst wählen dürfen.

2. Den rechten „Kornzehnten“ sind die Bauern bereit zu entrichten. Davon soll der Unterhalt des Pfarrers bestritten, der Rest an Bedürftige verteilt werden (…)

3. Die Leibeigenschaft soll abgeschafft werden. (…) Es ergibt sich aus der Schrift, dass wir frei sind, und deshalb wollen wir's sein (…).

4. Jedermann soll freie Nutzung von Jagd und Fischfang haben.

5. In den Gemeindewäldern soll jeder Brennholz schlagen dürfen.

6. Die harten Dienstleistungen sollen auf das frühere Maß zurückgeführt werden.

7. Der Zins soll nach dem Vermögen des Bauern eingestuft werden.

…

12. Zum zwölften ist unser Beschluss und endgültige Meinung, wenn einer oder mehrere Artikel (…) dem Wort Gottes nicht gemäß sind – wie wir aber nicht glauben – dieselbigen Artikel möge man uns mit den Worten Gottes als unzutreffend erweisen (…)

Luther: „Wider die mörderischen und räuberischen Rotten der Bauern“; 1525 **M 5**

Wider die Mordischen vn̄ Reubischen Rotten der Bawren:

Martinus Luther.
Wittemberg.
Psalm. vij.
Seyne tück werden jn selbs treffen/
Und seyn mutwill / wird vber jn außgeen.
1525.

„Dreierlei gräuliche Sünden gegen Gott und Menschen laden diese Bauern auf sich, weshalb sie den Tod verdient haben.
Erstens: Obwohl sie ihrer Obrigkeit (…) geschworen haben, untertänig und gehorsam zu sein, wie Gott es befiehlt (…) brechen sie mutwillig diesen Gehorsam.
Zweitens: richten sie Aufruhr an, rauben und plündern Klöster und Schlösser (…) wie Straßenräuber und Mörder.
Drittens: begründen sie mit dem Evangelium (…). Dadurch sind sie die größten Gotteslästerer (…) geworden und dienen so dem Teufel unter dem Schein des Evangeliums, weshalb sie wohl zehnmal den Tod verdienen.“

Karte: Die Ausbreitung der Bauernaufstände M 6

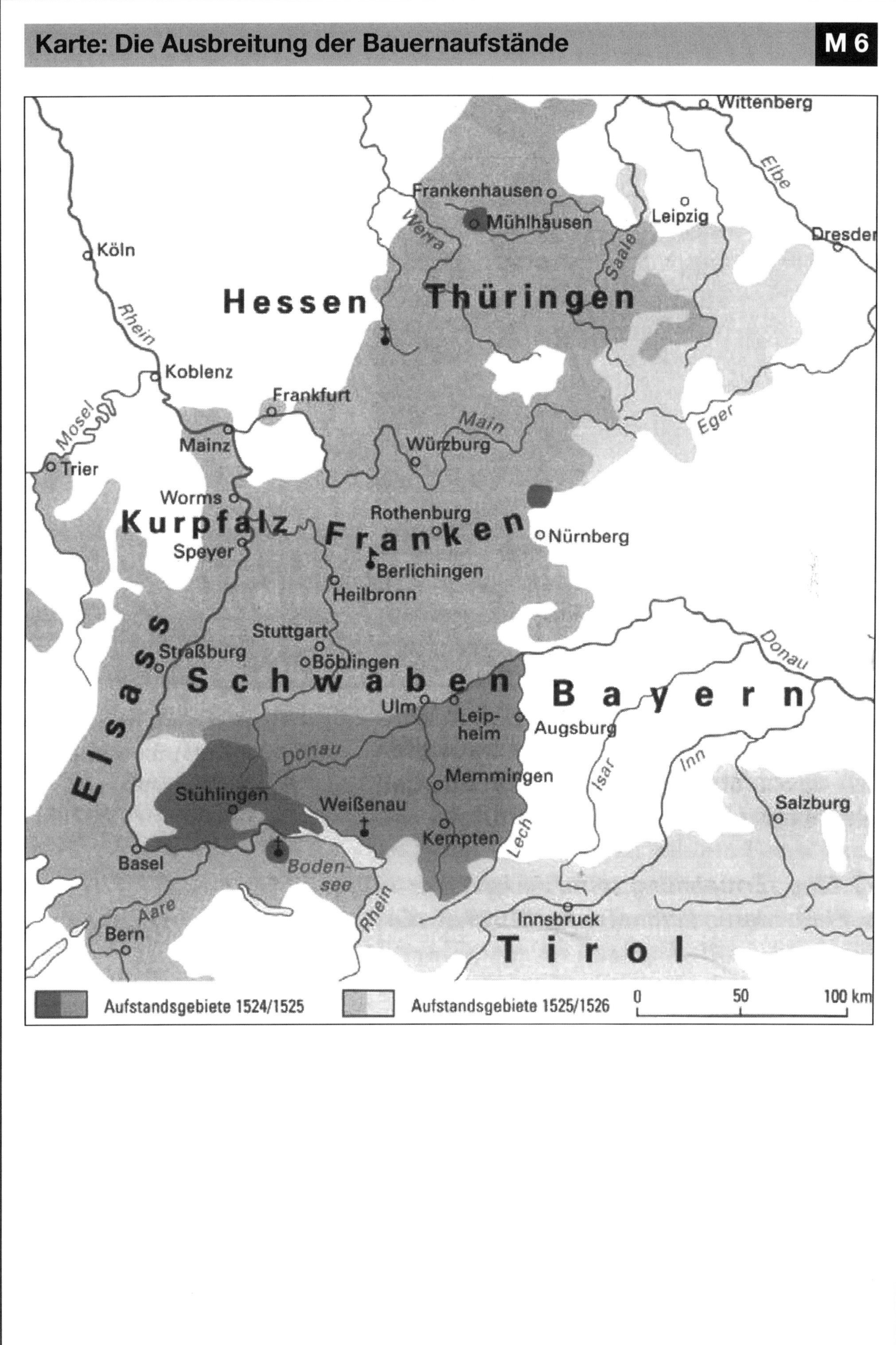

Bildquelle: Zug eines bewaffneten Bauernhaufens **M 7**

Bildquelle: Bauern huldigen dem Abt von Weißenau

M 8

5. Wie kommt es zur Spaltung der Kirche?

I. Fachliche Vororientierung

Obwohl der Fall Luther mit dem Wormser Edikt abgeschlossen zu sein schien, breitete sich seine Lehre weiter aus. Neben dem Schutz der Person Luthers durch seinen Kurfürsten waren es vor allem die Fürsten, die nichts gegen die Evangelischen unternahmen, weil sie eine Kirchenreform für unausweichlich erachteten und hierzu die Entscheidung eines Nationalkonzils abwarten wollten.

Der Kaiser wiederum wurde nach dem Reichstag in eine kriegerische Auseinandersetzung mit Frankreich verwickelt, die es ihm bis 1530 nicht gestattete, sich um die inneren Angelegenheiten des Reiches zu kümmern. So wurde auf dem Reichstag zu Speyer 1526 beschlossen, die Konfessionsfrage bis zur Einberufung eines Konzils den Fürsten selbst zu überlassen. Aufgrund dieses Beschlusses baute eine Vielzahl der Fürsten bis zum zweiten Reichstag zu Speyer 1529 unter Berufung auf die Lehre Luthers ein landesherrliches Kirchenregiment in ihren Territorien auf.

Luther hatte Fürsten und Stadträte aufgefordert, für eine neue evangelische Kirchenordnung zu sorgen. Als „Notbischöfe" übernahmen nun die Landesherren die Ausbildung und Besoldung von Pfarrern und Lehrern sowie die Überwachung der evangelischen Lehre in Kirchen und Schulen. Für die Landesherren bot sich hier eine große Chance, mehr Einfluss auf die Untertanen zu bekommen, denn neben dem Amt eines weltlichen Landesherrn konnten sie nun auch das des geistlichen Oberhauptes ausüben.

Als 1529 in Speyer von einer katholischen Mehrheit unter den Fürsten der Beschluss von 1526 aufgehoben und die endgültige Durchführung des Wormser Edikts beschlossen wurde, schien sich eine vollständige Rekatholisierung anzubahnen. Die evangelische Minderheit, sechs Fürsten und 14 Städte, protestierten jedoch gegen diese Regelung mit dem Argument, dass man in Gewissensfragen nicht an eine Mehrheitsentscheidung gebunden wäre. Aus diesem Vorfall heraus entwickelte sich die Bezeichnung Protestanten für die reformatorisch Gesinnten.

Im folgenden Jahr 1530 legten die Protestanten auf dem Reichstag in Augsburg, auf dem erstmals wieder der Kaiser anwesend war, ihr Augsburger Bekenntnis, die sogenannte Confessio Augustana, vor. Sie wollten damit beweisen, dass ihre Lehre alles andere als ketzerisch ist. Die süddeutschen und Schweizer Reformierten legten ebenfalls ein eigenes Glaubensbekenntnis vor und auch die Katholiken formulierten ihre Gegenargumente in der Zurückweisung (Confutatio).

Trotz großer Anstrengungen auf allen Seiten gelang keine Annäherung der unterschiedlichen theologischen Standpunkte mehr, weshalb sich fortan die römisch-katholische, die evangelisch-lutherische und die reformierte Konfession gegenüberstanden.

II. Verlaufsplan der Unterrichtsstunde

Einstieg

- ***Wer von euch ist katholisch? Und wer von euch ist protestantisch/evangelisch?*** — gel. UG

– Schülerantworten.

- ***Das verstehe ich jetzt nicht. Wir haben doch letzte Stunde gesagt, dass Luther auf dem Wormser Reichstag mit der Reichsacht belegt wurde und sämtliche Schriften Luthers verboten wurden. Das heißt doch, dass der Fall Luther damit abgeschlossen ist.***

- ***Seid ihr nicht meiner Meinung?***

– Schülerantworten
– Luther ist auf der Wartburg versteckt
– Bibelübersetzung etc.

- ***Was bedeutet es denn, wenn wir hier in dieser Klasse Schüler katholischen, aber auch protestantischen Glaubens haben?***

– Die Lehre Luthers muss sich doch durchgesetzt haben
– Irgendwie haben sich zwei Glaubensrichtungen herausgebildet

- ***Stimmt. Wie es dazu gekommen ist, damit wollen wir uns heute beschäftigen. Deshalb lautet das Thema der heutigen Stunde:***

Themaangabe

Wie kommt es zur Spaltung der Kirche?

LV
TA

Erarbeitungsphase 1

Folie M 1

- ***Gehen wir doch einfach nochmals in diese Zeit zurück.***

Wir befinden uns im Jahre 1530. Es ist Wochenmarkt in der Stadt .... (Stadtname einfügen). Hektik, Lärm und Trubel bestimmen das Bild. Dort am Gemüsestand stecken zwei junge Männer die Köpfe zusammen, tauschen die allerneuesten Nachrichten untereinander aus und schimpfen über die jüngsten politischen Ereignisse. Es handelt sich dabei um den Händler Gregor und den Kaufmann Thomas.

Einbettung des Themas in einen narrativen Rahmen, Verteilung von Rollen an S (M 1); Auswertung im gel. UG

Gregor: „Es wird Zeit, dass endlich Klarheit herrscht. Bereits 1521 sollte Luther geächtet werden und noch immer ist nichts passiert."

Thomas: „Kann ja gar nicht, wenn der Kaiser ständig Kriege im Ausland führt gegen die Türken und Franzosen. Umsonst ist es 1526 nicht zu dieser bescheuerten Regelung gekommen, dass die Anwendung des Wormser Edikts den Reichsfürsten überlassen bleibt …"

Gregor: „Ja, du hast recht. Es ist doch Unsinn, wenn jeder Fürst das Wormser Edikt so auslegen kann, wie er es vor Gott und dem Kaiser verantworten kann. Da macht dann eben jeder das, was ihm gerade passt."

Thomas: „Deswegen war es schon wichtig, dass letztes Jahr in Speyer die Durchführung des Wormser Edikts endgültig beschlossen wurde, selbst wenn die Anhänger Luthers massiv dagegen protestierten."

Gregor: „Und nun schauen sie recht dumm, weil jeder sie nur noch als Protestanten bezeichnet. Aber jetzt kommt der Kaiser ja wieder aus dem Ausland zurück. Er wird hoffentlich auf dem Augsburger Reichstag die Dinge klar stellen und das Chaos beenden."

Thomas: „Psst. Ich glaube wir werden belauscht …"

Gregor: „– Ja –, kommt neben den Rüben, dem Salat und den Äpfeln noch etwas dazu?"

- ***Das ist ja höchst interessant. Die beiden scheinen einiges mehr zu wissen als wir. Versuchen wir doch, die wichtigsten Aspekte, die die beiden erwähnten nochmals zu rekapitulieren.***

- ***Wieso können Luther und seine Lehre nach dem Wormser Reichstag weiterbestehen?***

– Weil der Kaiser Kriege im Ausland führte

– Weil er deshalb für die Innenpolitik keine Zeit mehr hatte

Folie M 2

Auswertung einer Zeittafel (M 2) im gel. UG, TA

- ***Ich habe noch eine weitere Hilfe für euch, um das, was die beiden besprochen haben, besser verstehen zu können. Hier habe ich euch eine Übersicht über die wichtigsten Ereignisse der Zeit vom Wormser Reichstag 1521 bis zum Augsburger Reichstag 1530. Schaut euch die Übersicht genau an und sucht dann die Aspekte heraus, die Gregor und Thomas in ihrem Gespräch erwähnt haben.***

- ***Welche Ereignisse kamen in dem Gespräch vor?*** TA

– Französisch-habsburgische Kriege
– Die Türken belagern Wien
– 1526 Reichstag zu Speyer: Die Fürsten entscheiden über Religionsfragen selbst, wie sie es vor Gott und dem Kaiser verantworten können
– bis 1529: Wormser Edikt wird nicht angewendet, dadurch ungehinderte Verbreitung der Lehre Luthers möglich
– 1529: Die katholische Mehrheit der Reichsfürsten hebt Beschlüsse von 1526 auf; evangelische Reichsstände protestieren dagegen
– 1530: Reichstag zu Augsburg

Tafelbild (=Handout)

- ***Ihr braucht nicht mitschreiben, denn ihr bekommt das als Handout am Ende der Stunde.*** (Abdecken durch L)

- ***Einige Fürsten hatten in ihren Gebieten sehr rasch die Lehre Luthers eingeführt, da sie dadurch die direkte Kontrolle über die Kirche bekamen. Diese sogenannte Landeskirche hatte für die Fürsten den Vorteil, dass sie jetzt selbst Landesbischöfe und somit „Chefs" der Kirche waren. Diese neue Macht wollten sie sich natürlich vom Kaiser nicht mehr nehmen lassen.*** erg. LV

- ***Unsere Frage war doch „Wie kommt es zur Spaltung der Kirche?" Welche Teilantworten haben wir darauf bereits gefunden?***

– Die Lehre Luthers kann sich ausbreiten, da der Kaiser im Ausland beschäftigt ist
– Die Fürsten nehmen die Chance für Machtzuwachs war

Erarbeitungsphase 2

Folie M 3

Auswertung einer Bildquelle (M 3) im gel. UG; TA

- ***Wir haben bei dem Gespräch auf dem Wochenmarkt erfahren, dass Kaiser Karl V. 1530 zum Reichstag nach Augsburg kommt, um dort die Religionsfrage endgültig zu klären.***

- ***Hier habe ich ein Bild vom Einzug des Kaisers nach Augsburg. Der Reichstag begann am 15. Juni 1530 nachmittags gegen 16 Uhr mit einem Empfang Karls durch die bereits in der Stadt weilenden Fürsten, die dem Kaiser bis zur Lechbrücke entgegengezogen waren.***
- ***Beschreibt doch mal, was darauf zu sehen ist.***

– sechs Kriegsknechte im Hintergrund
– reich geschmückte Pferde
– reich gekleidete Gefolgschaft
– Karl V. umgeben von wichtigen Persönlichkeiten (König Ferdinand, Pfalzgraf Friedrich, päpstlicher Legat (v. links nach rechts))
– eindeutige Machtdemonstration Karls V.

erg. LV, Auswertung im gel. UG

- ***Karl V. hatte sich für diesen Reichstag viel vorgenommen, denn er wollte eine Verständigung zwischen den beiden Glaubensauffassungen erreichen und so eine Spaltung der Kirche verhindern. Allerdings hatten auch die Protestanten Vorbereitungen für diesen Reichstag getroffen. Unter der Führung des Gelehrten Melanchthon, der ein enger Vertrauter Luthers war, hatten sie als eine Art Verhandlungsbasis ihre eigene Glaubensauffassung niedergeschrieben. Dieses sogenannte Glaubensbekenntnis legten sie nun dem Kaiser 1530 vor.***

- ***Welches Ziel verfolgte der Kaiser auf dem Reichstag und welche Vorbereitungen hatten die Protestanten getroffen?***

– Kaiser: Versöhnung der beiden Glaubensauffassungen, Verhinderung der Kirchenspaltung
– Protestanten: eigenes Glaubensbekenntnis verfasst

Folie M 4

Bildquelle (M 4); Auswertung im gel. UG; TA

- ***Hier habe ich eine Darstellung der Überreichung des Glaubensbekenntnisses an Kaiser Karl V.***

- ***Beschreibt doch mal, was darauf zu sehen ist. (Hilfestellung durch L)***

– Schülerantworten

- Der Kaiser im Prunkharnisch mit Goldhelm in der Mitte des Bildes unter einem Baldachin
- Über dem Kaiser ist der doppelköpfige Reichsadler
- Vor dem Kaiser knien die Vertreter der evangelischen Reichsstände, die das Glaubensbekenntnis unterschrieben hatten
- Der sächsische Kurfürst ist mit einem Buch in den Händen abgebildet
- Der Kaiser berührt mit dem Zepter die Bekenntnisschrift

• ***Wie reagierte der Kaiser wohl, nachdem er dieses Bekenntnis überreicht bekam?***

- Schülerantworten

• ***Nun, bevor wir versuchen, Näheres darüber zu erfahren, möchte ich euch vorher noch erklären, dass dieses Glaubensbekenntnis die Bezeichnung „Augsburger Bekenntnis" oder lateinisch „Confessio Augustana" bekam und auch heute noch die Grundlage der evangelisch-lutherischen Lehre ist.*** LV

• ***Halten wir das zunächst wieder fest.*** TA

• ***Haben wir nun bereits neue Antworten auf unsere Frage „Wie kam es zur Spaltung der Kirche" bekommen?***

- Schülerantworten
- ja; aber es fehlt noch etwas

• ***Ein Mosaiksteinchen scheint noch zu fehlen und das wollen wir jetzt noch abschließend suchen.***

Erarbeitungsphase 3

• ***Gehen wir doch wieder auf den Marktplatz zurück und hören uns an, wie Gregor und Thomas diesen Augsburger Reichstag beurteilen. Vielleicht bekommen wir ja von den beiden noch wichtige Informationen.***

Folie M 5

Aufgreifen des narrativen Rahmens; Gespräch in verteilten Rollen (M 5); Auswertung im gel. UG

Gregor: „Also, das mit dem Augsburger Bekenntnis habe ich noch nicht ganz verstanden."

Thomas: „Was gibt es denn da zu verstehen. Das Augsburger Bekenntnis enthält die Grundlehren der Protestanten, wobei ausdrücklich versucht wurde, die Übereinstimmung dieser Lehren mit der Heiligen Schrift, aber auch mit der alten Kirche zu betonen."

Gregor: „Ja, und warum hat der Kaiser dann diesen Kompromissvorschlag auf das Schärfste abgelehnt?"

Thomas: „Weil ihm die von ihm eingesetzte theologische Kommission dazu geraten hatte. Sie stellte klar, dass in den grundlegenden Streitfragen ein Ausgleich unmöglich sei."

Gregor: „Und was bedeutet jetzt das Ganze?"

Thomas: „Der Kaiser hat das Wormser Edikt wieder in Kraft gesetzt und was das bedeutet, wirst du ja wohl wissen."

Gregor: „Also, ganz ehrlich, ich bin langsam mit dieser ganzen Entwicklung überfordert."

- ***Wie also hat der Kaiser auf das Augsburger Bekenntnis reagiert?***

– Er hat dieses Bekenntnis abgelehnt und zurückgewiesen — TA
– Er hat klar gemacht, dass ein Kompromiss nicht möglich ist
– Er setzt das Wormser Edikt wieder in Kraft

- ***Was bedeutet das für unsere Ausgangsfrage?***

– Das ist der Beginn der Spaltung der Kirche — TA

Bewertung

- ***Fassen wir das Ganze nochmals zusammen. Welche Faktoren tragen dazu bei, dass es zur Spaltung der Kirche kam?*** — Bewertung im off./gel. UG; erg. LV

– Der Kaiser ist im Ausland und mit Kriegen beschäftigt und kann sich daher nicht um die Geschehnisse im Reich kümmern
– Viele Fürsten führen währenddessen bereits die Lehre Luthers in ihren Territorien ein, weil sie Vorteile für sie hat
– Auf dem Augsburger Reichstag prallen die Interessen der Fürsten und des Kaisers aufeinander
– Die Positionen sind zu verfestigt (vgl. Augsburger Bekenntnis), als dass noch ein Ausgleich möglich gewesen wäre

- ***Dennoch wechselten in der Folge weitere Territorien und Städte den Glauben, sodass die Beobachtungen, die man bereits 1524 in Nürnberg machte, auch dort zu sehen waren:*** — erg. LV

„Bereits am Palmsonntag unterblieb der Umzug mit dem Palmesel. Bei der Feier des Osterfestes wurde der hölzerne Christus nicht mehr ins Grab gelegt. Die auffälligste Neuerung war in der Karwoche die Austeilung des Abendmahls in beiderlei Gestalt (Brot und Wein). Das geschah zuerst bei den Augustinern unter großem Zulauf der Bevölkerung. Weitere Neuerungen berührten die Messe. Die Lesungen fanden in Deutsch statt, die Seelenmessen und Jahrestage der Verstorbenen wurden eingestellt, die Weihen von Salz und Wasser gestrichen und Taufen wurden in deutscher Sprache vorgenommen (…)."

III. Tafelbild/Handout

Wie kommt es zur Spaltung der Kirche?

**1521: Edikt von Worms;
Ächtung Luthers**

Außenpolitik	**Innenpolitik**
Der Kaiser führt im Ausland Krieg gegen Frankreich und die Türken	**1526:** 1. Reichstag zu Speyer Die Anwendung des Wormser Edikts liegt bei den Reichsständen

1529: 2. Reichstag zu Speyer:
- Mehrheit der Fürsten für die Umsetzung des Wormser Edikts
- Lutherische Minderheit protestiert dagegen
  ➔ Protestanten

1530: Reichstag zu Augsburg:
- Protestanten legen das „Augsburger Bekenntnis“ vor
- Kaiser/katholische Fürsten: Ablehnung und Festhalten an den Wormser Beschlüssen

➔ Beginn der Spaltung der Kirche

Gespräch zwischen dem Händler Gregor und dem Kaufmann Thomas M 1

Gregor: *„Es wird Zeit, dass endlich Klarheit herrscht. Bereits 1521 sollte Luther geächtet werden und noch immer ist nichts passiert."*

Thomas: *„Kann ja gar nicht, wenn der Kaiser ständig Kriege im Ausland führt gegen die Türken und Franzosen. Umsonst ist es 1526 nicht zu dieser bescheuerten Regelung gekommen, dass die Anwendung des Wormser Edikts den Reichsfürsten überlassen bleibt …"*

Gregor: *„Ja, du hast recht. Es ist doch Unsinn, wenn jeder Fürst das Wormser Edikt so auslegen kann, wie er es vor Gott und dem Kaiser verantworten kann. Da macht dann eben jeder das, was ihm gerade passt."*

Thomas: *„Deswegen war es schon wichtig, dass letztes Jahr in Speyer die Durchführung des Wormser Edikts endgültig beschlossen wurde, selbst wenn die Anhänger Luthers massiv dagegen protestierten."*

Gregor: *„Und nun schauen sie recht dumm, weil jeder sie nur noch als Protestanten bezeichnet. Aber jetzt kommt der Kaiser ja wieder aus dem Ausland zurück. Er wird hoffentlich auf dem Augsburger Reichstag die Dinge klar stellen und das Chaos beenden."*

Thomas: *„Psst. Ich glaube wir werden belauscht …"*

Gregor: *„– Ja –, kommt neben den Rüben, dem Salat und den Äpfeln noch etwas dazu?"*

Zeittafel (Folie) M 2

1521:	Reichstag zu Worms: Verhängung der Reichsacht über Luther, Verbot seiner Schriften
1521:	Entführung Luthers auf die Wartburg; Bibelübersetzung als „Junker Jörg“
1521–1526:	Französisch-habsburgischer Krieg
1524–1525:	Bauernkrieg
1526:	1. Reichstag zu Speyer: Konfessionsfrage wird bis zur Einberufung eines Konzils den Reichsfürsten überlassen; jeder soll so entscheiden, wie er es vor Gott und dem Kaiser verantworten kann; Wormser Edikt wird nicht angewendet, ungehinderte Verbreitung der Lehre Luthers
1526–1529:	2. Französisch-habsburgischer Krieg
1529:	2. Reichstag zu Speyer: Katholische Mehrheit der Reichsfürsten hebt Beschlüsse von 1526 auf; evangelische Reichsstände protestieren dagegen
1529:	Abwehr der türkischen Belagerung Wiens
1529:	Frieden von Cambray mit Frankreich
1530:	Reichstag zu Augsburg

Bildquelle: Einzug Karls V. nach Augsburg **M 3**

Bildquelle: Das Schweinfurter Konfessionsbild **M 4**

Zweites Gespräch auf dem Marktplatz **M 5**

Gregor: *„Also, das mit dem Augsburger Bekenntnis habe ich noch nicht ganz verstanden.“*

Thomas: *„Was gibt es denn da zu verstehen. Das Augsburger Bekenntnis enthält die Grundlehren der Protestanten, wobei ausdrücklich versucht wurde, die Übereinstimmung dieser Lehren mit der Heiligen Schrift, aber auch mit der alten Kirche zu betonen.“*

Gregor: *„Ja, und warum hat der Kaiser dann diesen Kompromissvorschlag auf das Schärfste abgelehnt?“*

Thomas: *„Weil ihm die von ihm eingesetzte theologische Kommission dazu geraten hatte. Sie stellte klar, dass in den grundlegenden Streitfragen ein Ausgleich unmöglich sei.“*

Gregor: *„Und was bedeutet jetzt das Ganze?“*

Thomas: *„Der Kaiser hat das Wormser Edikt wieder in Kraft gesetzt und was das bedeutet, wirst du ja wohl wissen.“*

Gregor: *„Also, ganz ehrlich, ich bin langsam mit dieser ganzen Entwicklung überfordert.“*

6. Wieso will Gregor nach Genf auswandern?

I. Fachliche Vororientierung

Die von Martin Luther ausgelöste Reformation blieb keine einheitliche Bewegung. Es bildeten sich schon früh unterschiedliche Richtungen heraus, die trotz einer weitreichenden Übereinstimmung in Grundfragen ein eigenes Profil ausbildeten. So entwickelte sich in der Schweiz neben der reformatorischen Bewegung des Huldrych Zwingli auch der sogenannte Calvinismus als eigenständige Konfession. Der französische Theologe Jean Calvin musste wegen seiner Hinwendung zum Protestantismus nach Genf in die Schweiz fliehen. Dort wurde er 1541 mit der Durchführung der Reformation beauftragt. Das von ihm installierte theokratische Regiment sah das Konsistorium als oberste Behörde vor, das für die Überwachung der Lehre und Moral zuständig war und das öffentliche Leben auf sehr strenge Art und Weise regelte (Kirchenzucht). Sämtliche weltlichen Genüsse waren verboten und die Opposition bzw. Abweichler wurden rigoros verfolgt. Ein weiteres wesentliches Element der Theologie Calvins ist die Prädestinationslehre. Es handelt sich dabei um die Vorstellung, dass durch die Allmacht Gottes das Schicksal eines jeden Menschen von Anfang an vorherbestimmt sei. Der Mensch könne dabei seine zukünftige Auserwähltheit erkennen, wenn ihm eine vorbildliche Lebensweise gelänge. So erlangten eine sittenstrenge Lebensweise, berufliche Tüchtigkeit und Erfolg einen extrem hohen Stellenwert und wurde somit gleichsam zum Gottesdienst. Diese Leistungsethik führte in den calvinistisch geprägten Gebieten zu einem erstaunlichen ökonomischen Aufschwung.
Das Fortschreiten der Reformation zwang auch die katholische Kirche zur Neubesinnung und Neuorientierung. Dieser Prozess ging vor allem vom Trienter Konzil aus und wurde vom Jesuitenorden weitergetragen. Letzt genannter geht auf den heiligen Ignatius von Loyola zurück. Der spanische Adelige Loyola wurde 1521 in einer Schlacht schwer verwundet und wandte sich fortan religiösen Studien zu. Noch vor seiner Weihe zum Priester gründete er mit einigen Gefährten 1536 in Paris eine Ordensgemeinschaft zur Mission im Heiligen Land. 1540 unterstellte er jedoch den Orden dem Papst mit der Zielsetzung durch Mission, Seelsorge und Schultätigkeit für ein Wiedererstarken und die Ausbreitung des katholischen Glaubens zu sorgen. Mit seiner beinahe militärischen Struktur, die strikten Gehorsam und bedingungslose Unterordnung fordert, und seinem elitären Bewusstsein wurde der Orden zum Vorkämpfer der katholischen Glaubenslehre. Seine besondere Wirkung entfaltete die Gesellschaft Jesu auf dem Gebiet des Schul- und Universitätswesens. Die offizielle und kirchenrechtliche Reform des Katholizismus erfolgte durch das Konzil von Trient 1545-1563. Dieses Konzil, das mehrfach aufgrund der Bedrohung durch die Türken unterbrochen werden musste, verfolgte zwei Ziele: die Beseitigung der offensichtlichen Missstände und die Abgrenzung von der reformatorischen Glaubenslehre. Die Beschlüsse enthielten die Lehrdekrete (Dogmen), die alle von der katholischen Kirche abweichenden Lehren als irrig verdammten und gleichzeitig der katholischen Lehre eine deutlichere, verbindlichere Form verliehen, sowie die Reformdekrete. Hier wurden die Aufgaben und Pflichten sowie die Ausbildung und Ernennung des Klerus genau festgelegt. Die Käuflichkeit und Häufung von kirchlichen Ämtern wurde verboten.
Die harte Haltung Karls V. nach dem Augsburger Reichstag hatte die protestantischen Fürsten dazu veranlasst, sich zu einem militärischen Bündnis zusammenzuschließen. Nachdem Karl V. allerdings erneut in Auseinandersetzungen mit Frankreich und den

Türken verwickelt wurde, sah er sich erst 1547 in der Lage gegen die protestantischen Reichsstände gewaltsam vorzugehen. Da er aus dem sogenannten Schmalkaldischen Krieg gegen die Protestanten als Sieger hervorging, konnte er harte Forderungen stellen. Doch Karl V. hatte das Selbstbewusstsein und den Glaubenseifer der protestantischen Reichsfürsten unterschätzt, denn eine Vielzahl von ihnen verbündete sich1552 mit Frankreich gegen den Kaiser. Karl V. musste nach Villach fliehen und überließ anschließend seinem Bruder Ferdinand die Verhandlungen mit den Protestanten. Er selbst dankte 1556 als Kaiser ab. 1555 vereinbarten die katholischen und protestantischen Stände des deutschen Reiches auf dem Reichstag zu Augsburg einen Religionsfrieden. Die dort getroffenen Regelungen sahen vor, dass nunmehr die katholische und die evangelische Konfession gleichberechtigt waren. Der Calvinismus und andere Konfessionen blieben ausgeschlossen. Nur die Reichsstände hatten das Recht, eine der beiden Konfessionen zu wählen und die Untertanen mussten sich dem Glauben ihrer Obrigkeit anschließen, es sei denn, sie verkauften ihren Besitz und wanderten aus. In den Reichsstädten sollten beide Konfessionen nebeneinander geduldet werden.

II. Verlaufsplan der Unterrichtsstunde

Einstieg

- ***Bevor wir heute beginnen, brauche ich drei Freiwillige, die je eine Rolle übernehmen möchten. Wir haben zunächst die Rolle einer jungen Frau (Johanna) und dann die eines jungen Mannes (Gregor) und die eines älteren Mannes (Simon) zu vergeben. Ihr müsst in dieser Unterrichtsstunde immer auf meinen Hinweis hin, ein paar Sätze vortragen, die auf diesen Kärtchen notiert sind. Wenn es keine Fragen mehr gibt, können wir beginnen.***

Einbettung der weiteren Geschehnisse in eine narrative Rahmenhandlung durch LV + Schülerrollen, gel. UG

Stellt euch vor, wir schreiben das Jahr 1545, also 20 Jahre nach dem Bauernkrieg; wir sitzen im Gasthof .... (Namen einsetzen), dem beliebtesten Gasthaus in ....(Ortsnamen einsetzen), alle Tische sind voll besetzt. Gerade kommt ein junges Mädchen mit suchendem Blick hereingelaufen, stutzt kurz und geht dann schnellen Schrittes und mit unruhigem Gesichtsausdruck auf einen Tisch zu, an dem zwei Männer sitzen. Es handelt sich dabei um einen jungen Mann namens* Gregor *und dessen Vater* Simon. *Johanna, so heißt das junge Mädchen, fällt Gregor um den Hals und sagt:

Rollenkarten M 1

Johanna (a): *„Gregor, ich habe dich so vermisst, ich bin froh, dass du wieder da bist und nicht mehr bei diesen fanatischen Calvinisten in Genf weilst."*

Gregor versucht sofort Johanna zu erklären, dass die Calvinisten keineswegs fanatisch sind, als Simon ihm kopfschüttelnd ins Wort fällt:

LV

Simon (a): *„Also das ist wirklich eine verkehrte Welt in der wir leben. Die Fürsten sind in zwei Lager gespalten, die einen sehen sich als*

eine Art ‚Notbischof' und berufen sich dabei auf Luther, die anderen holen die Jesuiten ins Land und zu allem Überfluss meint mein Sohn auch noch, er kann seine Verlobte im Stich lassen und in der Schweiz bei den Calvinisten den rechten Glauben leben. Ich verstehe die Welt nicht mehr."

Im Verlauf des Gesprächs erklärt Gregor Johanna, dass er in Genf gefunden habe, was er gesucht habe und deshalb mit ihr zusammen dorthin auswandern möchte. Johanna möchte aber lieber in ....(Ortsname von oben) bleiben. LV

- ***Versteht ihr die Welt noch im Jahre 1545 oder habt ihr Fragen?***

– Schülerantworten.

- ***Nun, greifen wir doch eine der Fragen auf und versuchen in dieser Unterrichtsstunde eine Antwort darauf zu finden. Unser Thema lautet also:***

Themaangabe

Wieso will Gregor nach Genf auswandern?

LV
TA

Erarbeitungsphase 1

Simon springt seiner Schwiegertochter in spe zur Seite:

Simon (b): *„Du Gregor, schau dir erstmal diese Skizze an, die mir vor dem Gasthaus ein Fremder mit den Worten ‚Luther predigt die wahre Lehre, sichere dein Seelenheil und erkenne den wahren Glauben' zugesteckt hat. Ich verstehe ja nicht viel davon, aber der Fremde sagte, dass so die Kirchen nach den Ideen Luthers reformiert wurden. Sie hätten, so sagte er, nichts mehr mit der katholischen Kirche gemein."*

Fortsetzung des narrativen Rahmens, LV

Rollenkarten M 1

- ***Schauen wir doch einmal, ob ihr den beiden helfen könnt. Bevor wir das jedoch tun können, möchte ich euch noch einen Begriff erklären. Das ist der Begriff des „Landesherrn."*** LV

- ***Landesherr: Das ist derjenige, der die oberste Gewalt in seinem Territorium und über seine Untertanen hat; er hat in seinem Gebiet die königlichen Rechte vom König sozusagen geliehen bekommen.***

Folie M 2

- ***Wer kann Simon und Gregor jetzt das Schema erklären? Ich helfe euch mit gezielten Fragen dabei.***

Auswertung eines Schemas (M 2) im gel. UG

- ***Wer steht an der Spitze der Kirchenleitung?***

– der Landesherr

- ***Der Landesherr wird hier als eine Art Notbischof bezeichnet. Hat jemand eine Erklärung dafür?***

– Weil normalerweise ein Bischof an der Spitze der Kirchenleitung steht

- ***Wieso steht bei der Reformation, also der Erneuerung der Kirche nach Luthers Lehre, kein normaler Bischof mehr an der Spitze?***

– In der katholischen Kirche ist das ein Geistlicher, aber laut Luthers Lehre kann ja jeder Priester sein

– Es gibt die kirchliche Hierarchie der katholischen Kirche nicht mehr, deswegen musste jemand anderes diese Funktion übernehmen

- ***Wer führte also diese Reformation durch?***

– die Landesherren in ihren eigenen Territorien

- ***Welche Aufgabe nimmt der Landesherr laut Schema noch wahr?***

– Er setzt das sogenannte Konsistorium ein, das ist die oberste Verwaltungsbehörde der evangelischen Landeskirche

- ***Nach Luthers Vorstellung konnte die Pfarrgemeinde jetzt die Lehrer und Pfarrer selbst auswählen, musste sie aber auch selbst bezahlen.*** LV; gel. UG

- ***Welche Vorteile bietet das?***

– Kontrolle über Lehrer und Pfarrer

– mehr Macht (wer bezahlt, der bestimmt)

- ***Die Neuordnung der Kirche nach Luthers Lehre hat man auch als „Reformation von oben" bezeichnet. Kann sich jemand denken, warum?***

– Weil sie vom Landesherrn durchgeführt wird

– Weil der Landesherr nun über die Kirche und die Gemeinde bestimmt

- ***Das möchte ich nochmals ganz genau bewertet haben. Was bedeuten diese neuen Befugnisse damit für den Landesherrn?***

– Eine deutliche Machtsteigerung, da die Kirche nicht mehr der Amtsgewalt des Papstes, sondern der des Landesherrn untersteht

– Gebietszuwächse, da sämtliche kirchliche Besitzungen an den Landesherrn übergehen

- ***Von wem hängt also zur damaligen Zeit die Einführung der Reformation ab?***

- vom Landesherrn und nicht vom einzelnen Christen und seinem Gewissen

- ***So, jetzt haben wir Simon und Gregor das alles erklärt und halten das Ganze nun fest.*** TA

- ***Was glaubt ihr, gefällt Gregor diese Gemeindeordnung? Warum? Warum nicht? Denkt dabei auch an unsere Ausgangsfrage.***

- Schülerantworten
- Nein, Gregor sagt:

Gregor (a): *„Ja wenn der Landesherr an der Spitze der Kirche steht, was hätten denn wir dann noch für einen Einfluss in der Kirche?"*

Rollenkarten M 1

- ***Damit haben wir bereits die erste Antwort auf unsere Frage gefunden. Gregor möchte selbst in der Kirche mitbestimmen können.***

Erarbeitungsphase 2

Arbeitsblatt/Folie M 3

Fortsetzung der narrativen Rahmenhandlung (Rollenkarten M 1); Auswertung eines Schemas (M 3) im gel. UG

Gregor (b) sagt:
„Jetzt passt mal auf: Ich zeige euch, wie die Gemeinde bei den Calvinisten in Genf geordnet ist."

- ***Hier habe ich eine Darstellung dessen, auf das sich Gregor beruft.***

- ***Was fällt euch besonders auf, wenn ihr die calvinistische Gemeindeordnung mit der lutherischen vergleicht? Fangt bei der Beschreibung am besten ganz unten an!***

- Die Gemeinde wählt den Rat der Stadt TA
- Der Rat der Stadt setzt den Rat der Ältesten ein, der die christliche Lebensführung überwacht, die Gemeinde bestätigt diese
- Die Gemeinde bestätigt die Prediger
- Die Prediger wiederum setzen die Lehrer und Diakone ein

- ***Wie setzt sich die Kirchenleitung zusammen?***

- durch Prediger (Pastoren) und Älteste TA
- Kollektive Leitung, es gibt keinen Notbischof

- ***Lehrer, Prediger, Älteste und Diakone üben alle eine gemeinsame Aufgabe aus. Welche ist das?***

- die Sittenaufsicht

- ***Was stellt ihr euch darunter vor?***

– Schülerantworten

– Überwachung der christlichen Lebensführung

TA

- ***Nun, wie das ganz konkret aussah, möchte ich euch nun erzählen.***

Erg. LV, Auswertung im gel. UG

Die Gläubigen sollten nach der Lehre Calvins vor falschem Lebenswandel und Laster geschützt werden. Karten- und Würfelspiele, Tanzen und Theater sowie das Tragen von Schmuck oder auffällige Haartracht für Frauen war verboten, weil sich die Menschen ganz auf Gott konzentrieren sollten. Das Konsistorium wachte also nicht nur über die Einhaltung des Gottesdienstbesuchs, sondern auch über das private Leben. So wurde vorgeschrieben, dass es mittags sowohl bei Reichen, als auch bei Armen Eintopf geben soll. Zu jeder Zeit konnte ein öffentlicher Aufseher erscheinen und die Vorschriften überprüfen. Diese Aufseher führten stets ein Buch mit sich, in das sie alle faulen und aufrührerischen Bürger eintrugen. Die Strafen waren hart. Wer ein „lockeres" Lied sang, kam drei Tage ins Gefängnis. Wer Karten spielte, wurde an den Pranger, einen Schandpfahl in der Mitte des Gemeindeplatzes, gestellt.

- ***Würdet ihr lieber in einer lutherischen oder calvinistischen Gemeinde leben? Warum?***

– Schülerantworten

- ***Nun, Johanna ist der gleichen Meinung wie ihr:***

Johanna (b):

Rollenkarten M 1

„Gregor, ich verstehe dich nicht. Es mag ja sein, dass die einfachen Leute in Genf mehr mitbestimmen dürfen, aber diese Sittenaufsicht finde ich schon ganz schön streng. Warum wird denn alles so streng überwacht?"

- ***Wir hören uns gleich an, was Gregor darauf sagt und ihr überlegt euch Antworten auf diese beiden Fragen, während ihr zuhört:***

- ***Wie unterscheidet sich die Lehre Luthers von der Calvins?***
- ***Wie ist die Einstellung der Calvinisten gegenüber der Obrigkeit?***
- ***Nun, Gregor erklärt Folgendes:***

Fragen an Tafel notieren oder auf Folie

Gregor (c):

Rollenkarten M 1

„Ja, das ist ganz einfach. Calvins Leitspruch ist: ‚Gott allein die Ehre'. Und man kann Gott doch nur Ehre erweisen, wenn man ein gottesfürchtiges Leben führt. Und es ist auch so, dass man nur, wenn man ein sittenstrenges Leben führt, erkennen kann, ob Gott einen auserwählt hat oder nicht. Calvin lehrt nämlich, dass Gott jeden Menschen schon von Geburt an zur Gnade oder Verdammnis vorbestimmt hat. Und man kann an seinem eigenen Leben erkennen, ob man Gottes Segen hat, wenn man im Leben und Beruf Erfolg hat.
Übrigens leisten wir auch den weltlichen Herrschern, also der Obrig-

keit sofort Widerstand, wenn der wahre Glaube von ihnen bedroht wird. Das ist auch ein Teil der Lehre Calvins."

- ***Worin unterscheidet sich also die Lehre Luthers von der Calvins?***

– Calvins Lehre sagt, dass der Mensch von Geburt an vorbestimmt ist, d.h. die eigene Verdammnis oder Gnade nach dem Tod ist bereits festgelegt

- ***Das nennt man die sogenannte Prädestinationslehre*** — erg. LV; TA

– Bei Luther gelangt man alleine durch den Glauben zum Heil

- ***Wie war das denn im katholischen Glauben?***

– Glaube und gute Werke führen zum Erlass der Sünden

- ***Welches Recht haben die Calvinisten der Obrigkeit gegenüber?***

– Widerstandsrecht, wenn die Obrigkeit gegen den Glauben verstößt — TA

- ***Könnt ihr jetzt nachvollziehen, warum Gregor nach Genf auswandern möchte?***

– Schülerantworten

Erarbeitungsphase 3

- ***Hatte aber Simon am Anfang des Gesprächs zwischen den dreien nicht noch von etwas anderem gesprochen? Sagte er nicht: „Die anderen holen die Jesuiten ins Land"?***

- ***Wer können denn „die anderen" nur sein?***

– die katholische Kirche

- ***Das heißt, wir müssen noch herausfinden, wer diese Jesuiten sind.***
  Nun, zunächst gebe ich euch hierzu genauere Informationen.

Arbeitsblatt M 4

Der Jesuitenorden oder auch „Gesellschaft Jesu" genannt, war von Ignatius von Loyola 1534 als eine Reaktion auf die Reformation gegründet worden, also deswegen, weil so viele Menschen vom alten Glauben abgefallen waren. Im Jahre 1539 erkannte der Papst den Orden offiziell an. Hier habe ich einen Ausschnitt aus der Ordensregel der Jesuiten, den ihr euch zunächst selbstständig durchlest und dabei mit verschiedenen Farben die Informationen zu folgenden Fragen markiert:

LV + Textquelle (M 4); AA; Auswertung im gel. UG

- ***Was sind die Ziele des Ordens?***
- ***Mit welchen Mitteln beabsichtigt der Orden diese Ziele zu erreichen?***

- ***Habt ihr Antworten auf die Fragen gefunden?***

- ***Was sind nun die Ziele des Ordens?***

– Die Jesuiten wollen als religiöse Seelsorger des Volkes wirken TA
– Sie wollen die Leute wieder für den katholischen Glauben gewinnen
– Sie wollen Heiden missionieren
– Erneuerung der katholischen Kirche

- ***Mit welchen Mitteln beabsichtigt der Orden diese Ziele zu erreichen?***

– Gründung von Schulen und Universitäten TA
– Sie sehen sich nicht ans Kloster gebunden, sondern als „Krieger" („Christliche Miliz")
– Gehorsam gegenüber dem Papst

- ***Wogegen oder gegen wen kämpfen also die Jesuiten?***

– gegen die Auswirkungen der Reformation

- ***Deshalb spricht man hier auch von den Anfängen der sogenannten „Gegenreformation".***

- ***Hilft uns das für unsere Ausgangsfrage weiter: „Wieso möchte Gregor nach Genf auswandern"?***

– Schülerantworten
– nein

Erarbeitungsphase 4

- ***Kehren wir zu Johanna und Gregor zurück. Es bleibt die Frage: „auswandern – ja oder nein"?***

Nun, Johanna überredet Gregor mit all ihrem weiblichen Charme zum Bleiben und im selben Jahr heiraten die beiden nach katholischem Glauben, da Gregor seine calvinistische Gesinnung verheimlicht. Aber in den nächsten 10 Jahren verschärft sich der Streit zwischen den evangelischen und den katholischen Reichsfürsten immer mehr, zumal der Kaiser durchzusetzen versucht, dass die bereits reformierten Länder wieder katholisch werden. Die evangelischen Fürsten wehren sich gegen dieses Vorhaben des Kaisers. Im Jahre 1555 schließen die Stände und der Kaiser schließlich Frieden und zwar bei einem Reichstag in Augsburg. Es wird ein Friede zwischen den Religionen vereinbart und deswegen spricht man fortan vom sogenannten „Augsburger Religionsfrieden". LV

Folie M 5

- ***Jetzt behaupten wir einmal, hier in unserer Klasse hätten wir folgende Zusammensetzung. Die ersten … Reihen (Zahl einsetzen) links sind alles Katholiken, die ersten … Reihen rechts, die Protestanten, die hinterste Reihe sind Calvinisten. Schaut euch einmal die Regelungen des Augsburger Religionsfriedens an und sagt mir, was er für euch jeweils bedeutet.***

Textquelle (M 5), Auswertung im gel. UG

- ***Katholiken, was sagt ihr dazu?***

– Wenn ich einen katholischen Landesherrn habe ist es gut für mich, bei einem evangelischen kann ich entweder konvertieren, den Glauben heimlich praktizieren oder auswandern

TA

- ***Evangelische, was sagt ihr dazu?***

– Wenn ich einen evangelischen Landesherrn habe ist es gut für mich, bei einem katholischen kann ich entweder konvertieren, den Glauben heimlich praktizieren oder auswandern

TA

- ***Calvinisten, was sagt ihr dazu?***

– Wir sind entrüstet, dass unser Glaube nicht anerkannt wird
– untragbare Situation

- ***Kommen wir wieder auf unsere Ausgangsfrage zurück: Warum will Gregor also spätestens jetzt auswandern?***

– Weil der Calvinismus im deutschen Reich nicht als Glaubensrichtung anerkannt wird
– Die Calvinisten haben keine Rechte

TA

Bewertung

- ***Ist nun mit dem Augsburger Religionsfrieden die Glaubenseinheit wiederhergestellt?***

Bewertung und Sicherung im off./gel. UG

– Schülerantworten
– Nein, wir haben jetzt eine endgültige Glaubensspaltung

- ***Welche Möglichkeiten haben denn die Untertanen, wenn ihr Landesherr plötzlich den Glauben wechselt?***

– heimlich praktizieren
– konvertieren
– auswandern

- ***Bedeutet der Augsburger Religionsfriede für den Kaiser oder für die Landesherrn einen Machtzugewinn?***

– Für die Landesherrn, da sie jetzt über den Glauben direkten Zugriff auf ihre Untertanen haben
– Der Kaiser kann bei Religionsfragen keinen Einfluss mehr nehmen

III. Tafelbild

Wieso will Gregor nach Genf auswandern?

Reformation „von oben“:

- Landesherr an der Spitze der Kirche
- setzt die kirchliche Verwaltungsbehörde ein
- Oberaufsicht über die Gemeinde

➔ Machtsteigerung

Calvinismus:

- Leitung der Kirche durch Pastoren und „Älteste“
- strenge Sittenaufsicht
- Gemeinde wählt den Rat der Stadt
- Widerstandsrecht gegen Obrigkeit
- Prädestinationslehre (Vorherbestimmtheit des Menschen)

Anfänge der Gegenreformation: Der Jesuitenorden

- „christliche Miliz“
- Ziel: Erneuerung der katholischen Kirche
- Mittel: öffentliche Predigten, Einrichtung von Schulen und Universitäten
- unbedingter Gehorsam gegenüber dem Papst

1555: Augsburger Religionsfriede

Landesfürsten: Glaubensfreiheit

Untertanen: Glaubenszwang

keine Anerkennung der calvinistischen Glaubensgemeinschaft

Narrative Rahmenhandlung/Rollenkarten **M 1**

Johanna:

a) *„Gregor, ich habe dich so vermisst, ich bin froh, dass du wieder da bist und nicht mehr bei diesen fanatischen Calvinisten in Genf weilst."*

b) *„Gregor, ich verstehe dich nicht. Es mag ja sein, dass die einfachen Leute in Genf mehr mitbestimmen dürfen, aber diese Sittenaufsicht finde ich schon ganz schön streng. Warum wird denn alles so streng überwacht?"*

Gregor:

a) *„Ja wenn der Landesherr an der Spitze der Kirche steht, was hätten denn wir dann noch für einen Einfluss in der Kirche?"*

b) *„Jetzt passt mal auf: Ich zeige euch, wie die Gemeinde bei den Calvinisten in Genf geordnet ist."*

c) *„Ja, das ist ganz einfach. Calvins Leitspruch ist: „Gott allein die Ehre." Und man kann Gott doch nur Ehre erweisen, wenn man ein gottesfürchtiges Leben führt. Und es ist auch so, dass man nur, wenn man ein sittenstrenges Leben führt, erkennen kann, ob Gott einen auserwählt hat oder nicht. Calvin lehrt nämlich, dass Gott jeden Menschen schon von Geburt an zur Gnade oder Verdammnis vorbestimmt hat. Und man kann an seinem eigenen Leben erkennen, ob man Gottes Segen hat, wenn man im Leben und Beruf Erfolg hat. Übrigens leisten wir auch den weltlichen Herrschern, also der Obrigkeit sofort Widerstand, wenn der wahre Glaube von ihnen bedroht wird. Das ist auch ein Teil der Lehre Calvins."*

Simon:

a) *„Also das ist wirklich eine verkehrte Welt in der wir leben. Die Fürsten sind in zwei Lager gespalten, die einen sehen sich als eine Art ‚Notbischof' und berufen sich dabei auf Luther, die anderen holen die Jesuiten ins Land und zu allem Überfluss meint mein Sohn auch noch, er kann seine Verlobte im Stich lassen und in der Schweiz bei den Calvinisten den rechten Glauben leben. Ich verstehe die Welt nicht mehr."*

b) *„Du Gregor, schau dir erstmal diese Skizze an, die mir vor dem Gasthaus ein Fremder mit den Worten ‚Luther predigt die wahre Lehre, sichere dein Seelenheil und erkenne den wahren Glauben' zugesteckt hat. Ich verstehe ja nicht viel davon, aber der Fremde sagte, dass so die Kirchen nach den Ideen Luthers reformiert wurden. Sie hätten, so sagte er, nichts mehr mit der katholischen Kirche gemein."*

Schema: Landesherr und Landeskirche (Folie) **M 2**

Landesherr und Landeskirche

setzt ein

↓

Konsistorium (Theologen/Juristen)
Aufsicht über Pfarrgemeinde
Oberste Gerichtsbehörde der Gemeinde

↓ setzt ein ↓

evangelische Pfarrer
(Pastoren)

↓ Predigt, Abendmahl, Taufe und Hilfe ↓

Gläubige = Untertanen

1. *Beurteile die Einrichtung eines „Notbischofs“!*
2. *Von wem hing letztlich die Einführung der „evangelischen Religion“ ab?*

Schema: Gemeinde- und Kirchenordnung der Stadt Genf (Folie)

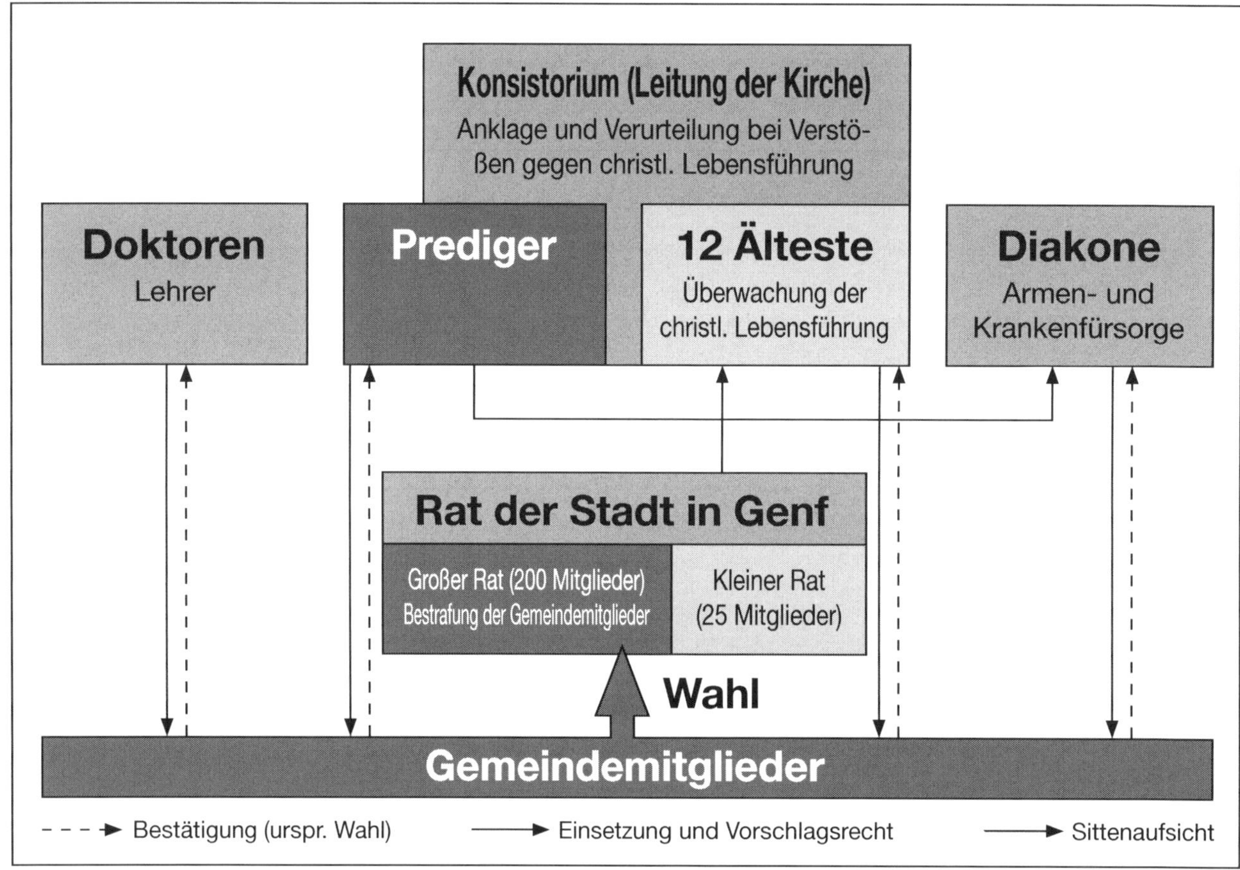

Die Ordensregel der Jesuiten (Arbeitsblatt) M 4

„Wer in unserer Gesellschaft, die wir mit dem Namen Jesu bezeichnet wissen wollen, unter dem Banner des Kreuzes Gott Kriegsdienst leisten will und dem Herrn und seinem Statthalter auf Erden, dem römischen Bischof [Papst], dienen, der möge bedenken: Er gehört einer Gesellschaft an, die vor allem dazu gegründet ist, vornehmlich hinzuarbeiten auf Förderung der Seelen in christlicher Lebensführung und Lehre, auf Ausbreitung des Glaubens durch öffentliche Predigten (…) sowie namentlich durch Unterweisung der Knaben und Ungebildeten im Christentum. (…) Wir haben beschlossen, uns alle einzeln durch ein besonderes Gelübde zu verpflichten, dass wir, was immer der jetzige oder jeweilige römische Bischof zur Förderung der Seelen und zur Ausbreitung des Glaubens befehlen und in welche Provinzen er uns immer schicken mag (…) sofort Folge zu leisten.“

Ignatius von Loyola

Der Augsburger Religionsfriede (Folie) M 5

Bestimmungen:

1. Die lutherische und die römisch-katholische Konfession sind gleichberechtigt.

2. Die Reichsstände dürfen zwischen der katholischen und der protestantischen Religion frei wählen.

3. Die Untertanen müssen das Bekenntnis ihres Landesherrn annehmen: Wer regiert, bestimmt die Religionszugehörigkeit (Cuius regio, eius religio). Widerstrebende dürfen auswandern, müssen aber ihr Hab und Gut zurücklassen.

7. Wieso werden Menschen als Hexen verfolgt?

I. Fachliche Vororientierung

Bereits seit der Antike gab es unter den europäischen Völkern Vorstellungen von bösartigen Dämonen und Zauberern. Besonders außergewöhnliche Ereignisse führte man auf den Einfluss übernatürlicher Kräfte zurück und bezeichnete dies als Hexerei. Ein allgemeiner Bestandteil des Glaubens des 15. Jahrhunderts war die Vorstellung, dass der Teufel wirklich Macht über die Menschen ausüben könne. Deshalb verurteilte Papst Innozenz VIII. das sog. Hexenwesen, bei dem der Mensch ein Bündnis mit dem Teufel und der Zauberei eingeht, als Gotteslästerung und verdammenswertes Verbrechen. Gestützt durch diese Auffassung veröffentlichten 1487 zwei deutsche Mönche den „Hexenhammer“. Diese Schrift wurde in der Folge zur Gebrauchsanleitung für Hexenprozesse, da sie eine genaue Definition der Hexerei gab, Anweisungen zu deren Aufspüren erteilte und Anleitungen zur Durchführung von Hexenprozessen enthielt. Die Prozessführung und die Vollstreckung des Urteils wurden auf weltliche Gerichte übertragen. Wollte man einen Menschen der Hexerei anklagen, so genügte oft eine anonyme Anzeige. Die verhafteten Personen wurden sofort kahl geschoren und gefesselt in den Kerker geworfen. Den Prozess selbst bestritten nur Belastungszeugen, denn das Ziel des Prozesses war immer ein Geständnis. Nach einer genauen Liste von Fragen verhört und unter grausamsten Folterqualen gepeinigt, bestätigten die Opfer oft willenlos die widersinnigsten Vorwürfe und nannten auch noch Namen anderer Menschen, die angeblich bei solchen Hexentreffen anwesend waren. Der Kreis der Verdächtigten und die Zahl der Opfer, die man schließlich zum Tod durch Verbrennen verurteilte, wurden dadurch immer größer. 1631 veröffentlichte der Jesuitenpater Friedrich von Spee seine anonyme Schrift „Cautio criminalis“, in der er die Beliebigkeit der Anschuldigung, die Folterungen und die falschen Geständnisse kritisierte, die zu immer neuen Anklagen führten. Schätzungen zufolge dürften der Hexenverfolgung in der Frühen Neuzeit mehr als 100 000 Menschen zum Opfer gefallen sein. 1775 fand der letzte Hexenprozess auf deutschem Boden statt.

II. Verlaufsplan der Unterrichtsstunde

Einstieg

- ***Schaut euch einmal dieses Bild an und sagt mir dann, was ihr darauf erkennt.***

Folie M 1

Auswertung einer Bildquelle (M 1) im gel. UG

- ***Was seht ihr?***

– eine Frau mit roten Haaren
– Es ist die Schauspielerin Julia Roberts

- ***Warum kennt ihr denn Julia Roberts?***

– Schülerantworten
– weil sie in vielen Filmen mitgespielt hat
– weil sie berühmt ist

- ***Wie hätte denn das Leben von Julia Roberts vor 400 Jahren ausgesehen?***
  - Schülerantworten
  - Keine Schauspielerin, da es kein Kino und Fernsehen gab
  - Sie wäre wahrscheinlich aufgrund ihrer roten Haare als Hexe verbrannt worden
- ***Das habt ihr sehr richtig erkannt. Das Thema der heutigen Stunde lautet daher:***

Themaangabe

Wieso werden Menschen als Hexen verfolgt?

LV; TA

(alternativ kann das Tafelbild auf Folie präsentiert und den Schülern als Handout ausgegeben werden)

Erarbeitungsphase 1

- ***Wir wollen also nach Gründen suchen. Dazu habe ich mehrere Bildquellen ausgesucht. Zusammen mit eurem Nachbarn besprecht ihr bitte kurz, was darauf dargestellt ist und was die Hauptaussage des jeweiligen Bildes ist.***

Folie M 2

Auswertung von vier Bildquellen (M 2) in PA, gel. UG

- ***Was ist auf den Bildern dargestellt?***
  - Die Vorstellungen der Menschen von bösartigen Hexen als Dämonen und Zauberer
  - Hexen sind einen Bund mit dem Teufel eingegangen
  - Hexen sind für viele negative Erlebnisse der Menschen verantwortlich

TA

- ***Welche Unglücke werden den Hexen zugeschrieben?***
  - unterschiedlichste Katastrophen (Gewitter, Blitzschlag)
  - persönliche Schicksalsschläge (Krankheit, Missbildungen …)
  - etc.

TA

- ***Könnt ihr euch noch weitere Katastrophen vorstellen?***
  - Missernten
  - Hungersnöte
  - Türkengefahr
  - Seuchen
  - etc.

TA

- ***Fassen wir das Ganze nochmals zusammen. Warum werden Menschen als Hexen verfolgt?***

– Schülerantworten

TA

– Weil viele Menschen der damaligen Zeit hinter den verschiedensten Katastrophen das bösartige Wirken von Dämonen, Zauberern und vor allem Hexen vermuteten

– Aberglaube war sehr verbreitet für Dinge, die man sich nicht erklären konnte

Erarbeitungsphase 2

- ***Diese Einstellung der Menschen kam natürlich nicht von ungefähr. Papst Innozenz VIII. ließ 1484 verkünden, dass jede Abkehr von Gott ein Werk des Teufels sei und verdammte dabei vor allem das Hexenwesen. Bereits drei Jahre später verfassten zwei deutsche Dominikanermönche eine grundlegende Schrift zum Hexenwesen.***

LV

Folie M 3

LV + Textquelle (M 3), AA; Auswertung im gel. UG

- ***Diese Schrift lesen wir jetzt gemeinsam.***
- ***Woher kommt nach Meinung der Verfasser die Hexerei?***

– Sie kommt von der Schlechtigkeit der Frau

- ***Wie wird dies begründet?***

– Frauen hätten schon mehrere Reiche zerstört

– Gott und Jesus sind nicht umsonst männlich

– Hexen sind vor allem weiblich

- ***Was haltet ihr davon?***

– Schülerantworten

- ***Ich möchte euch im Folgenden noch weitere Gründe nennen, warum häufig Frauen die Opfer der Hexenverfolgung waren.***

Folie M 4

Erg. LV; Auswertung anhand einer Diskussion zwischen Jungen und Mädchen; Aufgaben auf Folie (M 4)

Mädchen:

Ihr Mädchen hier in der Klasse müsst jetzt ganz genau zuhören, denn ihr müsst danach den Jungs in der Klasse erklären, warum der Begriff von der „Schlechtigkeit der Frau“ Unsinn ist, und dass sich die Männer das wieder einmal alles ganz toll ausgedacht haben.

Jungen:

Auch ihr müsst ganz genau zuhören, denn ihr solltet danach in der Lage sein, die Argumente der Mädchen sinnvoll zu entkräften, bzw. erklären können, warum die Männer allgemein gar nichts dafür können, dass vor allem Frauen als Hexen angesehen wurden.

Fast 80 Prozent aller zum Tode verurteilten Hexen waren Frauen. Dies ist damit zu erklären, dass die Frau als Sinnbild der Verführung galt, also als die Sünde schlechthin. Außerdem waren viele Frauen wahre Expertinnen in der Kräuter- und Naturheilkunde und waren schon deshalb sehr verdächtig. Durch ihre Kenntnisse standen sie in direkter Konkurrenz zu den Ärzten, die sich diese vom Leibe halten wollten. Außerdem berieten sie als Hebammen Frauen bei der Geburt, verabreichten schmerzstillende Medikamente, erteilten Ratschläge zur Empfängnisverhütung oder nahmen teilweise Abtreibungen vor. Die angewandten Praktiken verstießen dabei häufig gegen die Lehre der Kirche und stempelten sie daher automatisch zu Hexen. Erg. LV

- ***Mädchen, warum sind eurer Meinung nach Frauen nur willkürliche Opfer in einer von Männern dominierten Welt?***

- Frauen werden von den Männern als Verkörperung der Sünde angesehen
- Hebammen verstoßen in Ausübung ihres Berufes gegen die Lehre der Kirche, die von Männern geleitet wird
- Hebammen und Frauen gelten allgemein als Konkurrenz zur rein männlichen Ärzteschaft

- ***Jungen, was erwidert ihr darauf?***

- Die Frauen hätten sich nur an die Lehre der Kirche halten müssen, dann wäre ihnen meistens nichts passiert
- Verhalten der Männer ist nur als Reflex auf das Eindringen der Frauen in ihre Domänen anzusehen
- etc.

- ***Das, was ihr eben alles gesagt habt, können wir als Antworten auf unsere Ausgangsfrage festhalten.*** TA

- ***Häufiger Grund war demnach die Tatsache, dass man jemanden zum Sündenbock machen wollte.*** TA

Erarbeitungsphase 3

- ***Jetzt müssen wir noch der Frage nachgehen, warum so viele der Hexerei Angeklagte tatsächlich gestanden haben. Lesen wir dazu folgenden Bericht.***

Folie M 5

- ***Dieser Bericht hilft uns, eine Antwort auf die Frage zu finden, warum so viele Menschen gestehen, Hexerei praktiziert zu haben. Warum?***

Auswertung eines Textes (M 5) im gel. UG; erg. LV

- Sie werden grausam gefoltert — TA
- Sie werden nach einem festgelegten Fragenkatalog befragt
- Ein Geständnis befreit sie von den grausamen Qualen und Strapazen der Folter

- ***Was gestehen denn diese Angeklagten?***

- Sie hätten einen Pakt mit dem Teufel (äußerlich sichtbare Zeichen) — TA
- Sie hätten anderen Menschen Schaden zugefügt
- Sie hätten übernatürliche Dinge vollbracht
- Sie nennen manchmal Namen anderer Beteiligter

- ***Was passiert mit den Geständigen?***

- Sie werden auf dem Scheiterhaufen verbrannt — TA

- ***Wurde also eine Person der Hexerei beschuldigt oder verdächtigt, dann wurde sie verhaftet, kahl geschoren (Würde), gefesselt und in den Kerker geworfen. Beim Prozess selbst wurden nur solche Zeugen zugelassen, die Belastendes vorbringen konnten. Dann wurde nach einem genau ausgearbeiteten Fragenkatalog das Verhör durchgeführt und solange gefoltert, bis die beschuldigte Person endlich gestand. Meist bedeutete dies aber auch, dass sie gezwungen wurde, noch weitere Namen zu nennen. Die genannten Personen wurden dann ebenfalls angeklagt. Insgesamt sind so in Europa wohl 100 000 Menschen als Hexen verbrannt worden.*** — Erg. LV

- ***Warum werden wohl so lang Menschen als Hexen verfolgt?***

- Schülerantworten
- Weil unter Folter die Nennung von weiteren Beteiligten erzwungen wurde

Erarbeitungsphase 4

Folie M 6

- ***Das hört sich jetzt alles so an, als ob es in der damaligen Zeit überhaupt niemanden gab, der seine kritische Stimme gegen diesen Hexenwahn erhob. Doch dem ist nicht so, wie uns die Textquelle M 6 verrät.***

Auswertung eines Textes (M 6) im gel. UG; erg. LV

- ***Welche Vorwürfe erhebt der Jesuitenpater Spee?***

– Er kritisiert den verhängnisvollen Kreislauf der Hexenprozesse von Beschuldigung, Folterung, falschen, erpressten Geständnissen und erneuten Beschuldigungen
– Er befürchtet, dass bald einem jeden der Prozess gemacht werden könnte
– Er behauptet, dass die Hexenverfolgung ein Mittel ist, einen unliebsamen Gegner loszuwerden

- ***Es dauerte aber noch fast 200 Jahre, bis die Hexenverfolgung komplett eingestellt wurde.***

erg. LV

Bewertung

- ***Warum werden Menschen also als Hexen verfolgt?***

– Schülerantworten
– Siehe Tafelbild

Bewertung im off./gel. UG; erg. LV

III. Tafelbild/Handout

Wieso werden Menschen als Hexen verfolgt?

- Vorstellungen von bösartigen Dämonen und Zauberern
- Bündnisse mit dem Teufel

- Katastrophen
- persönliche Schicksalsschläge
- Missernten
- Hungersnöte
- Türkengefahr
- Intoleranz und religiöser Eifer

- Frauen als Verkörperung der Sünde
- Hebammen verstoßen gegen die Lehre der Kirche: Hilfe bei Geburten, Verhütung und Abtreibung
- Hebammen als Konkurrenten der Ärzte

Sündenbockmotiv

(tatsächliche Schuld spielt keine Rolle)

- Verhaftungen
- Folterungen bis zum Geständnis
- neue Anschuldigungen
- neue Verdächtige
- Verbrennung auf dem Scheiterhaufen

Bildquelle: Julia Roberts (Folie) M 1

Bildquellen: Vorstellungen von vermeintlichen Hexen (Folie) M 2

Textquelle: Auszug aus dem Hexenhammer **M 3**

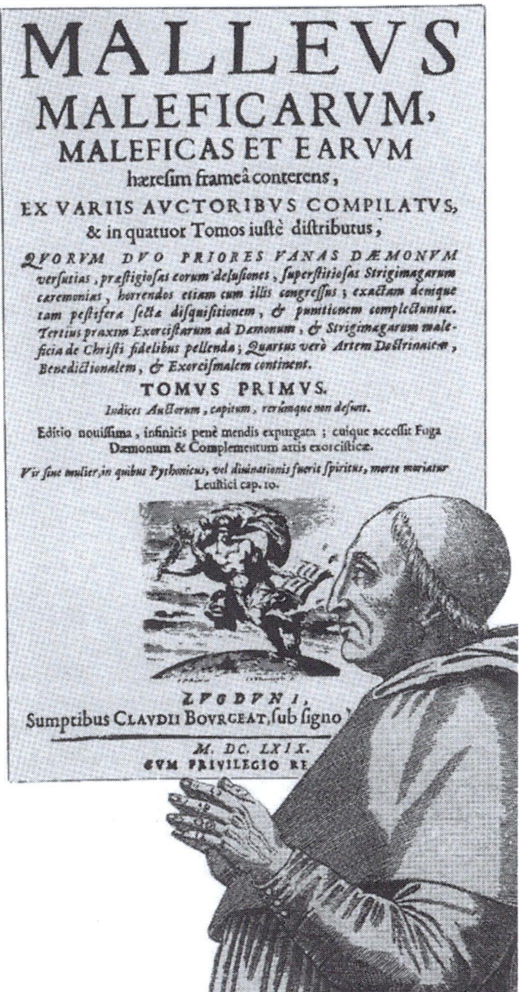

MALLEVS
MALEFICARVM,
MALEFICAS ET EARVM
hæresim frameâ conterens,
EX VARIIS AVCTORIBVS COMPILATVS,
& in quatuor Tomos iuste distributus,

QVORVM DVO PRIORES VANAS DÆMONVM versutias, præstigiosas eorum delusiones, superstitiosas Strigimagarum cæremonias, horrendos etiam cum illis congressus; exactam denique tam pestiferæ sectæ disquisitionem, & punitionem complectuntur. Tertius praxim Exorcistarum ad Dæmonum, & Strigimagarum maleficia de Christi fidelibus pellenda; Quartus verò Artem Doctrinalem, Benedictionalem, & Exorcismalem continent.

TOMVS PRIMVS.

Indices Auctorum, capitum, rerúmque non desunt.

Editio nouissima, infinitis penè mendis expurgata; cuique accessit Fuga Dæmonum & Complementum artis exorcisticæ.

Vir siue mulier, in quibus Pythonicus, vel diuinationis fuerit spiritus, morte moriatur Leuitici cap. 10.

LVGDVNI,
Sumptibus CLAVDII BOVRGEAT, sub signo
M. DC. LXIX.
CVM PRIVILEGIO RE

(…) Also schlecht ist das Weib von Natur, da es schneller am Glauben zweifelt, auch schneller den Glauben ableugnet, was die Grundlage für die Hexerei ist. (…) Daher ist es kein Wunder, dass es eine solche Menge Hexen in diesem Geschlechte gibt. (…) Suchen wir nach, so finden wir, dass fast alle Reiche der Erde durch die Weiber zerstört worden sind. (…) Gepriesen sei der Höchste, der das männliche Geschlecht vor solcher Schändlichkeit bis heute bewahrte, da er in demselben für uns geboren werden und leiden wollte, hat er es deshalb auch so bevorzugt (…).

Auftrag Gruppenarbeit (Folie) **M 4**

Mädchen:

Ihr Mädchen hier in der Klasse müsst jetzt ganz genau zuhören, denn ihr müsst danach den Jungs in der Klasse erklären, warum der Begriff von der „Schlechtigkeit der Frau“ Unsinn ist, und dass sich die Männer das wieder einmal alles ganz toll ausgedacht haben.

Jungen:

Auch ihr müsst ganz genau zuhören, denn ihr solltet danach in der Lage sein, die Argumente der Mädchen sinnvoll zu entkräften, bzw. erklären können, warum die Männer allgemein gar nichts dafür können, dass vor allem Frauen als Hexen angesehen wurden.

Textquelle: Katharina Herbst – der Hexerei angeklagt (Folie) M 5

Eine Stadt in Deutschland Anfang des 16. Jahrhunderts. Eine Frau durchwandert rastlos ihre schmutzige, stinkende Zelle. Sie kann es nicht glauben, sie, Katharina Herbst, die Hebamme, soll eine Hexe gewesen sein. Plötzlich wird die Tür aufgerissen und der Gefängniswärter packt sie und schleift sie zum Verhör.

Der Richter mustert sie streng. Dabei nimmt er sich sorgfältig in Acht, ihr nicht in die Augen zu blicken. „Wie lautet euer Name?“ – „Katharina Herbst, Herr Richter, ihr kennt mich doch.“ – „Das tut nichts zur Sache. Ihr sollt nur auf meine Fragen antworten.“ Und so beginnt die unerbittliche Befragung, aber Katharina bleibt trotz aller falschen Vorwürfe und Aussagen von Zeugen hart und bekennt ihre Schuld nicht.

Resigniert gibt der Richter den Bütteln einen Wink. Diese führen Katharina in einen anderen, dunklen Raum. Einer der Büttel, der sie kennt, flüstert ihr leise zu: „Es ist besser, du gibst gleich alles zu. Hier ist noch keiner rausgekommen, der am Ende nicht alles gestanden hätte.“ In diesem Augenblick betritt der Richter mit dem Scharfrichter den Raum. Der Richter fragt noch einmal: „Bekennt ihr die Wahrheit?“ – „Ich bin keine Hexe“, flüstert Katharina und ihre Stimme zittert.

Da erklärt ihr der Scharfrichter die Geräte im Raum. Er zeigt ihr die Streckbank, auf der den Menschen alle Gelenke auseinandergerissen werden. Er beschreibt ihr genau, wo und wie Schrauben und Fesseln eingesetzt werden und welche Wirkung sie haben.

Nach den ersten Folterungen wird Katharina erneut vor den Richter geschleift. Das Haar war ihr geschoren worden und sie ist nur noch ein blutiges Wrack, das da vor dem Richter sitzt. Katharina beginnt zu bekennen, ja sie bekennt alles: dass sie sich dem Teufel hingegeben habe, dass sie Vieh und Früchten Schaden zugefügt habe, dass sie durch die Luft geritten sei. Fast verliert sie die Besinnung.

Jetzt beginnt sie einige Namen zu nennen, zu flüstern. Es sind Namen alter Frauen, die ohnehin nicht mehr lange zu leben haben …

Anonyme Schrift gegen die Hexenprozesse (sie wird dem Jesuitenpater Spee zugeschrieben) M 5

„(…) Auf jedes noch so geringe Gerüchtchen schreiten sie [die Fürsten] mit Windeseile gleich zu so gefährlichen Folterungen. Ja, sie schleppen da auch Leute zur peinlichen Frage [Folter], die ganz allgemein im Ruf des ehrenhaftesten, untadeligsten Lebenswandels stehen. (…) Die Fürsten sollten sich in erster Linie zur Aufgabe machen, mit äußerster Tatkraft zusammen mit ihren Ratgebern dahin zu wirken, dass die Folter gemildert und den Schuldlosen größere Sicherheit gewährleistet werde (…). Die Nächstenliebe treibt mich an, mich mit allem Eifer dafür ins Mittel zu legen, dass meine Befürchtung nicht wahr werde, ein unglückseliger Windhauch könne die Flammen dieser Scheiterhaufen auch auf schuldlose Menschen übergreifen machen. Es ist kaum zu glauben, was (…) unter dem Volke für Aberglauben, Missgunst, Verleumdung, Ehrabschneidung, heimliches Gerede und dergleichen gilt. Die Obrigkeit bestraft diese Dinge nicht, und die Prediger rügen sie nicht. Sie sind es, die zu allererst den Verdacht der Hexerei in die Welt setzen (…).“

8. Warum werden Juden ausgegrenzt und verfolgt?

I. Fachliche Vororientierung

Die Juden bildeten seit dem frühen Mittelalter eine geduldete Minderheit unter den christlichen Völkern Europas. Im Laufe des 13. Jahrhunderts erhob die Kirche verstärkt den Vorwurf, die Juden hätten die Kreuzigung Christi verschuldet. Für die meisten Christen waren die Juden daher religiöse Feinde, die auch aufgrund ihres Festhaltens an der jüdischen Kultur als bedrohliche Fremde wahrgenommen wurden. Aus dieser Haltung heraus wurde die jüdische Minderheit schnell zu „Sündenböcken“ abgestempelt und für alle persönlichen Probleme, Naturkatastrophen, Hungersnöte und Seuchen verantwortlich gemacht. Eigene Verunsicherung sowie religiöser Fanatismus und Intoleranz führten in der Folgezeit dazu, dass Juden beschuldigt wurden, Brunnen vergiftet, Hostien geschändet und Kinder getötet zu haben. Immer stärker wurden so Juden von der christlichen Mehrheit ausgegrenzt. Sie mussten ihre Kleidung durch einen Fleck kennzeichnen oder bestimmte Hüte tragen, sie wurden von fast allen Berufen ausgeschlossen und mancherorts auf ein abgegrenztes Gebiet (Ghetto) abgeschoben. Gegen eine Zahlung von Schutzgeldern in Form von Abgaben und Steuern duldeten einzelne Landesfürsten Juden zeitlich befristet auf ihrem Land. Um sich diese Abgaben leisten zu können, lebten viele Juden vom Handel, Pfand- und Geldverleih. Durch die steigende Abgabenlast an die Landes- und Grundherrn mussten sich oft auch christliche Bauern und Handwerker Geld gegen die damals üblichen hohen Zinsen bei Juden leihen. Fortan galten ihnen die Juden als Ausbeuter und Wucherer, weswegen sie häufig ausgeraubt, vertrieben oder ermordet wurden. Das Motiv des wirtschaftlich begründeten Judenhasses gesellte sich also zu den bereits genannten Motiven.
Luther hoffte zunächst, auch die Juden zum Übertritt zur reformatorischen Lehre gewinnen zu können. Als sie aber an ihrer Religion festhielten, ihren Glauben nicht wechselten, machte sich bei Luther eine tiefe Enttäuschung breit, die ihn zum erbitterten Judenfeind werden ließ. In seiner Schrift „Von den Juden und ihren Lügen“ forderte er die Obrigkeit auf, jüdische Synagogen, Schulen und Häuser zu verbrennen, ihren Besitz zu nehmen und sie zu einfachster Handarbeit zu verpflichten. Luthers hasserfüllte Schrift dürfte nicht nur die evangelischen Landesherrn, sondern auch viele evangelische Christen in ihrer Judenfeindschaft auf Jahrhunderte bestärkt haben.

II. Verlaufsplan der Unterrichtsstunde

Einstieg

Folie M 1

Jiddisches Lied; Auswertung im gel. UG; erg. LV

Zur Info:
Die singgemäße Übersetzung des Liedes

- ***Heute möchte ich mit einem Liedtext beginnen. Die Sprache kommt euch vielleicht zunächst etwas seltsam vor, ihr sollt aber trotzdem versuchen, so viel wie möglich davon zu verstehen.***
- ***Was habt ihr verstanden?***

– Schülerantworten

- ***Worum geht es denn in diesem Lied?***

– Es geht um Brüder und Schwestern

– Aufruf, dass wir doch alle gleich sind und damit alle Brüder und Schwestern

- ***Wieso ist es so schwer zu verstehen?***

– Es klingt an manchen Stellen deutsch, ist es aber nicht

– Teilweise finden sich Wörter, die völlig unverständlich sind

- ***Um welche Sprache könnte es sich handeln?***

– Schülerantworten

– um eine jüdische Sprache

finden Sie auf Seite 187. Jiddisch wurde/wird auf Hebräisch geschrieben, bei dem abgedruckten Lied handelt es sich um eine Behelfsumschrift.

Das Lied selbst befindet sich u.a. auf der CD „Tanz Jiddele" der Band Mesinke und ist erhältlich unter www.mesinke.de

- ***Diese Sprache nennt man „Jiddisch"; es handelt sich dabei um eine Mischsprache aus deutschen, hebräischen und slawischen Einflüssen.*** — erg. LV
- ***Mit welchem Thema wollen wir uns also in der heutigen Stunde beschäftigen?***

– Schülerantworten

- ***Die Frage, die uns am meisten interessiert, lautet:***

Themaangabe

Warum werden Juden ausgegrenzt und verfolgt?

LV

TA

Erarbeitungsphase 1

- ***Wir haben bereits anhand des Liedes festgestellt, dass das „Jiddische" Elemente der deutschen Sprache aufweist. Das ist normalerweise ein sicheres Zeichen dafür, dass ein reger Austausch stattgefunden haben muss, bzw. dass sich die jüdische Bevölkerung sehr mit dem Deutschen Reich identifiziert hat.*** — LV

Folie M 2

- ***Nun zeige ich euch eine bildliche Darstellung eines Juden aus dem Jahre 1937. Dieses Bild entspricht aber durchaus auch der Wahrnehmung der Juden im Mittelalter. Das Bild heißt „Der ewige Jude".***

Auswertung einer Bildquelle (M 2) im gel. UG

- ***Was ist darauf zu sehen bzw. wie ist der Jude dargestellt? Welche typischen charakterlichen Eigenschaften sind auf dem Bild dargestellt?***

- fett
- breite, große Nase
- langer Bart
- Judenkappe
- grinsend
- gemein, verschlagen
- hässlich
- feige

- ***Was bedeutet diese Art der Darstellung?***

- Schülerantworten
- sehr negative Darstellung
- Juden als unappetitliche, grobe Menschen dargestellt
- die Menschen hatten Vorurteile

Notieren der Ergebnisse auf TA

- ***Was unterstellte man Juden demnach in charakterlicher Hinsicht? Beachtet dabei auch, was er in den Händen hält.***

- Schülerantworten
- Juden als Ausbeuter, Wucherer, hinterlistige Händler

- ***Haben wir bereits eine Antwort auf unsere Ausgangsfrage gefunden?***

- Juden haben ein sehr negatives Image
- Sie werden als sehr charakterlose Menschen dargestellt

- ***Es handelt sich dabei also um eine ausgeprägte Judenfeindlichkeit, das Fremdwort hierfür lautet „Antisemitismus."***

erg LV; TA

Erarbeitungsphase 2

Handout M 3; M 4

- ***Schauen wir uns weitere bildliche Darstellungen der damaligen Zeit an. Wir teilen dazu die Klasse in zwei Hälften. Gruppe 1 behandelt das Bild 1, Gruppe 2 das Bild 2. Bitte arbeitet innerhalb eurer Gruppe jeweils mit dem Nachbarn zusammen. In den beiden Bildquellen, die ihr bekommt, sind Sachverhalte dargestellt, die man Juden im Mittelalter unterstellte.***

Auswertung von Bildquellen (M 3; M 4) in PA, Präsentation und Auswertung im gel. UG; erg. LV

Eure Aufgabe ist es nun, zusammen mit eurem Nachbarn folgende Aufträge zu erledigen:

- ***Beschreibt das jeweilige Bild möglichst genau.*** — Aufgabe an TA
- ***Stellt zu euren Beobachtungen Überlegungen an, was die Gesamtaussage des Bildes sein könnte (bedenkt, es geht darum, dass man den Juden im Mittelalter bestimmte Dinge unterstellte).***
- ***Tipp zu Bild 2: Die Szene findet in der Kirche statt.***

Ihr habt dazu 4 bis 5 Minuten Zeit.

- ***Beginnen wir mit Gruppe 1:***
- ***Was kann man aus dem Bild 1 herauslesen?***

- Man sieht mehrere Personen (Männer und Frauen), die alle mit Namen versehen sind, um einen Tisch stehen
- Auf dem Tisch steht ein Kind, das von Personen festgehalten wird
- Ein Mann schlitzt mit einem Messer den Bauch des Kindes auf, ein anderer bohrt den Arm an
- Ein Mann fängt mit einer Schüssel das Blut auf

- ***Was wird hier also den Juden, zusammenfassend gesagt, unterstellt?***

- Dass sie Ritualmorde an Kindern begehen

- ***Es gab im Mittelalter Behauptungen die besagten, dass Juden um die Osterzeit Christenknaben entführen und schlachten, um deren Blut zu trinken.*** — erg. LV

- ***Fahren wir mit Gruppe 2 fort:***
- ***Was kann man aus dem Bild 2 herauslesen?***

- Man sieht mehrere Personen, die alle um zwei Tische stehen
- Auf dem Tisch befinden sich ein Krug und ein Teller
- Die Männer stechen mit Messern auf etwas ein (Brot; evtl. Hostien)

- ***Was wird hier also den Juden, zusammenfassend gesagt, unterstellt?***

- Juden schänden Hostien und damit Jesus

- ***Es wurde behauptet, dass Juden, wie sie einst Christus marterten, nun die Hostie martern würden. Angeblich sollen sie sich Hostien beschafft, sie mit Messern durchbohrt, in Aborte geworfen, zerstoßen, verbrannt und somit Jesus immer wieder neu verspottet haben.***
Man könnte diese Behauptungen und Verleumdungen über die Juden beliebig fortsetzen. So wurde ihnen vorge- — erg. LV

worfen für Seuchen wie die Pest, Hungersnöte und Brunnenvergiftungen verantwortlich zu sein.

- ***Worauf basierte also die Verfolgung der Juden häufig?***

– auf religiöser Intoleranz und Fanatismus
– auf wilden Spekulationen

- ***Wozu wurden Juden demnach häufig abgestempelt?***

– zu Sündenböcken

- ***Diese Ergebnisse halten wir zunächst einmal im Heft fest.*** TA

Erarbeitungsphase 3

Folie M 5

- ***Ich habe noch ein weiteres Bild dabei. Dargestellt ist erneut ein Vorwurf, den man Juden gemacht hat.***

Auswertung einer Bildquelle (M 5) im gel. UG; erg. LV

- ***Was ist darauf zu sehen?***

– Ein Jude sitzt an einem Rechentisch
– Er hat Geld darauf liegen
– Ein anderer Mann kommt auf den Juden zu und gestikuliert mit der Hand

- ***Was bedeutet das?***

– Juden waren sehr häufig als Geldverleiher tätig
– Man warf ihnen vor, Wucherer und Ausbeuter zu sein

- ***Denkt doch einmal an das zurück, was ihr hoffentlich noch aus dem Themenkomplex Mittelalter über die Situation der Juden wisst.***
Warum blieb ihnen außer dem Geldverleih denn häufig gar nichts anderes übrig?

– Juden hatten generell kein Stadtrecht
– Wer aber kein Stadtrecht hatte, durfte auch keinen Handel oder ein Gewerbe betreiben
– Somit blieb ihnen nichts anderes als Geldgeschäfte übrig

- ***Damit handelte sich aber die jüdische Bevölkerung, wie bereits gesagt, allgemein den Vorwurf ein, Ausbeuter, Erpresser und Wucherer zu sein. Wenn ihnen aber andere Tätigkeiten erlaubt wurden, waren sie meistens in ihren Berufen als Handwerker, Ärzte etc. sehr erfolgreich.*** erg. LV

- ***Das eben Besprochene war für die jüdische Bevölkerung nicht ungefährlich. Welche Reaktionen der übrigen christlichen Bevölkerung waren denkbar und warum?***

– provozierte Hass, Wut und Neid
– Man versuchte sie los zu werden (Vertreibung, Plünderung, Mord), um Geld nicht zurückzahlen zu müssen bzw. um Konkurrenten auszuschalten
– Die geringsten Geschehnisse genügten, um Juden zu verfolgen

- ***Kommen wir zu unserer Ausgangsfrage zurück. Warum werden Juden also noch verfolgt? (Wir haben bereits religiöse Gründe genannt, um welche handelt es sich hier?)*** TA

– wirtschaftlich begründeter Judenhass

Erarbeitungsphase 4

- ***Mit der Reformation verschärfte sich die Situation der Juden noch zusätzlich. Generell ist es so, dass in Zeiten des Umbruchs die Menschen sehr stark verunsichert sind und ihrer Unsicherheit Luft machen wollen. Auch in den Zeiten der Glaubensauseinandersetzung mussten Juden daher wieder als Sündenböcke dienen. Es kam aber noch etwas dazu. Luther hatte gehofft, dass seine reformatorische Lehre auch begeisterte Anhänger unter den Juden finden würde. Deshalb setzte er sich zunächst für Erleichterungen und Zugeständnisse im täglichen Leben der Juden ein, auch, damit sie nicht mehr nur von Geldgeschäften leben müssten. Die Juden waren aber nicht bereit, ihren Glauben zu wechseln. Schließlich verfasste Luther enttäuscht eine Schrift zu den Juden. Lest diese bitte zunächst durch.*** LV

Folie M 6

Auswertung einer Textquelle (M 6) im gel. UG;

- ***Wie bezeichnet Luther das Volk der Juden?***

– Volk der Verdammten und Verworfenen (von Gott)

- ***Was fordert Luther in seiner Schrift?***

– Synagogen und Schulen anzünden
– Privathäuser zerstören, Besitz wegnehmen
– die Lehre verbieten
– nur noch einfachste Tätigkeiten genehmigen

- ***Kommt euch das bekannt vor?***

– Ja, unter Hitler setzten die Nazis diese Maßnahmen in die Tat um

• ***Die Nazis bedienten sich tatsächlich Luthers, sie beriefen sich auf seine Schrift.***	erg. LV
• ***Was sagt ihr dazu?***	
– Schülerantworten	
	Folie M 7
• ***Was diese Aburteilung durch Luther bedeutete, könnt ihr anhand dieser Bildquelle erkennen.***	Auswertung einer Bildquelle (M 7) im gel. UG
• ***Wer kann mir sagen, was hier dargestellt ist?***	
– Die Forderungen, die Luther vorgeschlagen hatte, wurden teilweise wirklich in die Tat umgesetzt	
– Raub, Plünderung, Misshandlungen	
• ***Um dem zu entgehen, blieb den Juden häufig nur die Flucht bzw. die Auswanderung.***	erg. LV
• ***Kommen wir zur Ausgangsfrage zurück. Haben wir eine weitere Antwort gefunden?***	TA
– Ja, die Bevölkerung wurde durch Luthers Schriften zusätzlich angestachelt und aufgehetzt	
• ***Außerdem können wir noch das ergänzen, was bei der Ausgrenzung von Minderheiten immer mitschwingt. Das sind „fehlender Integrationswille" und der „Vorwurf der Andersartigkeit".***	erg. LV; TA

Bewertung

• ***Denkt nochmals an das Lied vom Beginn der Stunde zurück. Ihr habt gesagt, dass sich das teilweise deutsch anhört. Das ist nicht zufällig so, denn die Juden in Deutschland waren und sind Deutsche, die nur einen anderen Glauben haben, so wie sich auch Protestanten und Katholiken voneinander unterscheiden.***	Bewertung und Sicherung im off./gel. UG
• ***Warum wurden sie dennoch verfolgt?***	
– Schülerantworten	
• ***Was aber war nochmals die Grundaussage dieses Liedes?***	
– Schülerantworten	
– Wir sind alle Brüder und Schwestern, sind alle gleich	
• ***Ich hoffe, dass ihr in dieser Stunde tatsächlich gemerkt habt, wie gleich wir doch alle sind und wie dumm und unsinnig daher Verfolgungen und Ausgrenzungen von Minderheiten sind.***	

III. Tafelbild

Warum werden Juden ausgegrenzt und verfolgt?

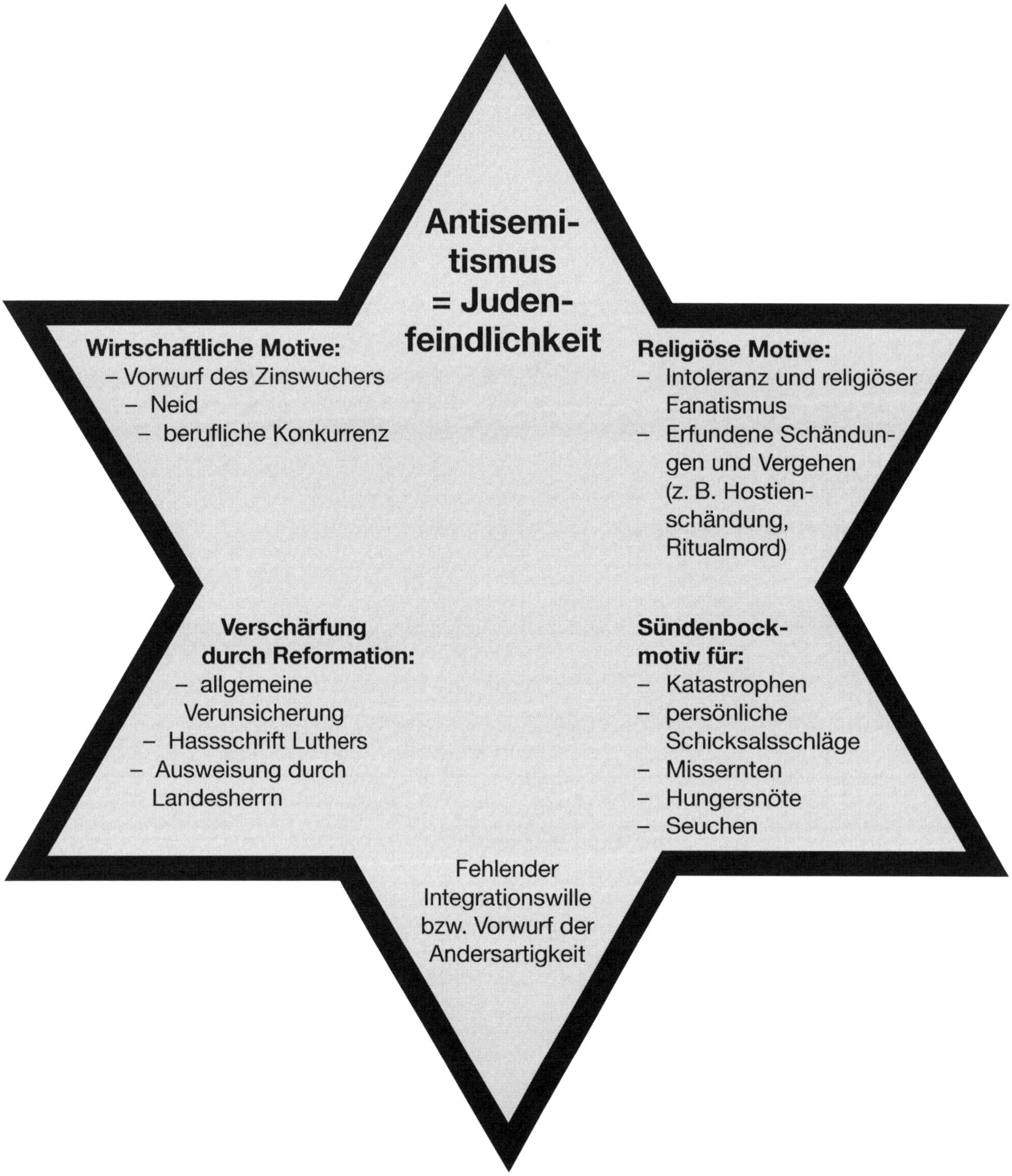

Antisemitismus = Judenfeindlichkeit

Wirtschaftliche Motive:
- Vorwurf des Zinswuchers
- Neid
- berufliche Konkurrenz

Religiöse Motive:
- Intoleranz und religiöser Fanatismus
- Erfundene Schändungen und Vergehen (z. B. Hostienschändung, Ritualmord)

Verschärfung durch Reformation:
- allgemeine Verunsicherung
- Hassschrift Luthers
- Ausweisung durch Landesherrn

Sündenbockmotiv für:
- Katastrophen
- persönliche Schicksalsschläge
- Missernten
- Hungersnöte
- Seuchen

Fehlender Integrationswille bzw. Vorwurf der Andersartigkeit

Jiddisches Lied **M 1**

Ale brider

Un mir sajnen ale brider,
oj,oj, ale brider
un mir singn frejlach lider
oj, oj, oj

Un mir sajnen ale schwester,
oj,oj, ale schwester
asoj wi rachel, ruth un esther
oj, oj, oj

un mir sajnen ale frejlach
oj, oj ale frejlach
asoj wi ale schejne majdlach
oj, oj, oj

un mir sajnen ale ejnik
oj, oj, ale ejnik
si mir sajnen fil ze wejnik
oj, oj, oj

un mir libn sich doch ale
oj, oj, sich doch ale
wi a chosn mit a kale
oj, oj, oj

Bildquelle: Der ewige Jude, 1937 M 2

Bildquelle: Ritualmord

M 3

Bildquelle: Hostienschändung

M 4

Bildquelle: Jüdischer Geldgeber am Rechentisch **M 5**

Auszug aus Martin Luthers Schrift „Von den Juden und ihren Lügen“ aus dem Jahr 1543 **M 6**

„(...) Was wollen wir Christen nun mit diesem verworfenen, verdammten Volk der Juden tun? Ich will meinen treuen Rat geben. Erstlich, dass man ihre Synagoge oder Schule mit Feuer anstecke und, was nicht verbrennen will, mit Erde überhäufe und zuschütte (…)
Zum anderen, dass man auch ihre Häuser desgleichen zerbreche und zerstöre (…)
Zum dritten, dass man ihnen nehme alle ihre Betbüchlein und den Talmud, darin solche Abgötterei, Lügen, Fluchen und Lästerung gelehrt wird.“

Bildquelle: Die Plünderung der Frankfurter Judengasse im Jahr 1614 M 7

9. War der Dreißigjährige Krieg unvermeidlich?

I. Fachliche Vororientierung

Der Augsburger Religionsfriede von 1555 war die Grundlage dafür, dass 50 Jahre lang Uneinigkeiten zwischen Katholiken und Protestanten immer wieder beigelegt werden konnten. Nach der Jahrhundertwende jedoch traten die Gegensätze wieder schärfer hervor, da sich die protestantische Konfession weiter ausbreitete, gleichzeitig aber die innere Reform der katholischen Kirche in Süd- und Westdeutschland Territorien zurückgewann. Aufgrund der daraus resultierenden Spannungen und der Ereignisse in Donauwörth schlossen sich 1608 mehrere protestantische Fürsten zur „Union" zusammen. Die katholischen Landesfürsten antworteten mit der Gründung einer „Liga" im Jahre 1609. Beide Lager versuchten außerdem für ihr Bündnis die Unterstützung ausländischer Mächte zu gewinnen.
Besonders konfliktreich war die Lage im kaiserlichen Böhmen. Dort forderten die Protestanten eine Selbstregierung durch die Stände, während die Katholiken an den kaiserlichen Herrschaftsrechten festhalten wollten. Um einen Aufstand zu verhindern, sicherte Kaiser Rudolf II. den böhmischen Protestanten freie Religionsausübung und freie Königswahl zu. Als wenige Jahre später der streng katholische Erzherzog Ferdinand zum König von Böhmen und Ungarn gewählt wurde und in der Folge Protestanten benachteiligte und ihre Kirchen schließen ließ, reagierten die protestantischen Stände mit Widerstand. Sie drangen in die königliche Burg ein und forderten eine Bestätigung der ihnen 1609 im Majestätsbrief zugesicherten Rechte. Da ihnen dies versagt wurde, warfen sie zwei kaiserliche Räte aus dem Fenster. Für die Böhmen war dieser „Prager Fenstersturz" das Signal zum Aufstand. Sie bewaffneten sich und im ganzen Land brachen Aufstände aus. Sie wählten Kurfürst Friedrich von der Pfalz, den Führer der protestantischen Union, zu ihrem König und erklärten Ferdinand für abgesetzt. Ferdinand II. ging gegen die Aufständischen vor und wurde dabei von der katholischen Liga und dem katholischen Spanien unterstützt. Der Streit um die Herrschaft in Böhmen weitete sich nun zum Krieg zwischen der Union und der Liga aus und mündete schließlich im Dreißigjährigen Krieg.

II. Verlaufsplan der Unterrichtsstunde

Einstieg

Folie M 1

Auswertung der Bildquelle (M 1) im gel. UG

- ***Ich habe hier ein Bild mitgebracht, das ihr nun beschreiben sollt.***
- ***Was könnt ihr erkennen?***

– Mehrere Männer befinden sich in einem großen Raum
– Sie sind sehr teuer gekleidet, es könnte sich dabei um Adelige handeln
– Zwei Männer werden gepackt und Richtung Fenster bugsiert
– In der Mitte wird ein Mann festgehalten, der zu Hilfe kommen möchte
– Es kommen weitere Männer in den Raum

Folie M 2

Auswertung einer zweiten Bildquelle (M 2) im gel. UG

- ***Hier habe ich eine zweite Bildquelle, die eine Fortsetzung der ersten darstellt.***
- ***Was könnt ihr darauf erkennen?***

– Zwei Männer fallen aus einem Fenster und stürzen an einem Gebäude herab
– Umstehende Leute beobachten erstaunt und erschrocken das Ganze
– ein Mann scheint sehr aufgebracht zu sein

- ***Was ist hier also passiert?***

– Zwei Männer sind von anderen Männern aus einem Fenster geworfen worden
– Es scheint im Vorfeld ein Streit zwischen diesen beiden Gruppierungen entstanden zu sein

Folie M 3

Ergänzung durch narrative Elemente; Auswertung im off. UG mithilfe der Stichpunktliste (M 3)

- ***Sehr richtig. Hören wir doch einmal zu, was bei diesem Ereignis gesprochen wurde:***

„Lasst euch nie wieder sehen und einen schönen Gruß an den Kaiser", so oder so ähnlich waren wohl die Worte, nachdem eine Gruppe böhmischer Adeliger zwei kaiserliche Beamte und einen Sekretär aus dem Fenster der Prager Burg geworfen hatten. „Wir werden zur Not auch mit Waffen für unser Recht auf eine freie Religionsausübung und eine freie Königswahl kämpfen. Ganz so, wie es uns Kaiser Matthias 1609 im Majestätsbrief zugesichert hatte. Sein Nachfolger Ferdinand II. kann nicht einfach so tun, als ob er noch nie etwas davon gehört hätte und sich selbst als König von Böhmen bezeichnen und unsere protestantischen Kirchen schließen. Wenn Ferdinand die Auseinandersetzung möchte, kann er sie haben. Dann wird sein Kaisertum bald, so wie jetzt die kaiserlichen Beamten, im Misthaufen liegen."

- ***Versuchen wir, das Puzzle zusammenzufügen.***
- ***Was also führte zu diesem Ereignis, das als der Prager Fenstersturz in die Geschichte einging?***

– Schülerantworten, z. B.:
– Kaiser Matthias hatte 1609 im Majestätsbrief den böhmischen Ständen freie Religionsausübung und freie Königswahl zugesagt
– Sein Nachfolger Ferdinand II. fühlt sich an diese Zusagen nicht mehr gebunden
– Er lässt protestantische Kirchen schließen und nennt sich König von Böhmen

– Der böhmische Adel ist so aufgebracht, dass er zwei kaiserliche Beamte aus dem Fenster der Prager Burg wirft, die schließlich auf dem Misthaufen landen

- ***Der Prager Fenstersturz wurde zum Auslöser eines endlos langen Krieges, des Dreißigjährigen Krieges. Wir wollen uns daher heute mit dem folgenden Thema beschäftigen:***

Themaangabe

War der Dreißigjährige Krieg unvermeidlich? LV TA

Erarbeitungsphase 1

- ***Um eine Antwort auf diese Frage finden zu können, müssen wir uns verschiedene Stationen der Vorgeschichte des Dreißigjährigen Krieges anschauen und dabei nach möglichen Ursachen für diesen Krieg suchen. Dazu ist es zunächst nötig, uns über die Ausgangslage im Reich und in Europa um das Jahr 1600 klar zu werden.***
- ***Beginnen wir mit der Lage im Reich um 1600.*** Rekapitulation der Bestimmungen des Augsburger Religionsfriedens im gel. UG
- ***Welche Konfessionen haben wir im Reich und welche Regelungen gelten für die Konfessionen gemäß dem Augsburger Religionsfrieden von 1555?***

– Gleichberechtigt sind der Katholizismus und der Protestantismus; der Calvinismus ist nicht anerkannt

– Die Landesfürsten entscheiden über die jeweilige Konfession

– Untertanen können auswandern, wenn sie mit der Konfession nicht einverstanden sind

- ***Welches Ziel verfolgten nichts desto trotz die katholischen Fürsten und die Jesuiten weiter?***

– die Gegenreformation

- ***Und welches Ziel verfolgen daher zwangsläufig die protestantischen Fürsten?*** TA

– die Verteidigung der Reformation

Arbeitsblatt M 4

• ***Das merkt ihr euch bitte schon einmal. Wir schauen uns jetzt als nächstes die Situation in Europa an. Hierzu habe ich ein Blatt mitgebracht. Ich werde euch jetzt eine kurze Beschreibung der Situation in Europa um 1600 geben und eure Aufgabe ist es, die Informationen auf dem Blatt entsprechend einzutragen.*** *(Ein Schüler erhält statt des AB das gleiche Schema auf Folie und muss seine Ergebnisse dort mit Folienstift eintragen)*	LV, Schüler notieren wichtigste Punkte auf AB (M 4); Auswertung durch eine von einem Schüler bearbeitete Folie
Der Protestantismus hatte sich vor allem im Norden Europas weiter ausgebreitet, sodass um 1600 sowohl Dänemark, als auch Schweden der protestantischen Konfession anhingen. Trotz des gemeinsamen Glaubens stritten sich diese beiden Länder aber um die Vorherrschaft im Ostseeraum. England wiederum stand ebenfalls auf der Seite der Protestanten, hatte man sich doch mit der Gründung der Anglikanischen Kirche vom Einfluss des Papstes losgesagt. Fortan war der König von England immer zugleich Oberhaupt der Kirche. Machtpolitisch gesehen beanspruchte England die Herrschaft über die Weltmeere. Dies führte zum Konflikt mit Spanien. Spanien kämpfte nämlich nicht nur für die Stärkung des Katholizismus und die Gegenreformation, sondern auch um die Vormachtstellung bei der Beherrschung der Weltmeere. 1588 hatte man daher mit einer riesigen Kriegsflotte, der sogenannten Armada, England angegriffen, war allerdings dabei gescheitert. Der Konflikt dieser beiden Mächte verlagerte sich zunehmend auf die von Spanien besetzten Niederlande. Dort versuchte Spanien den Katholizismus über das ganze Land weiter auszubreiten. Der nördliche Teil war nämlich calvinistisch geprägt. Frankreich wiederum war überwiegend katholisch geprägt. Mit dem Edikt von Nantes hatte man jedoch eine religiöse Toleranz eingeführt, sodass Andersgläubige nicht mehr verfolgt wurden. Der Erzfeind Frankreichs waren die katholisch geprägten Habsburger, das heißt der Kaiser des Deutschen Reiches und der König von Spanien, weil man sich von den Habsburgern in die Zange genommen fühlte.	LV
• ***Vergleichen wir also eure Ergebnisse mit denen von … (Name Schüler/-in).***	Notieren auf AB (M 4)
• ***Wie müssen wir demnach die Situation in Europa um 1600 zusammenfassend beurteilen?*** – Zersplitterung aus konfessionellen und machtpolitischen Gründen	
• ***Ich glaube wir haben mit diesen Ergebnissen bereits eine Teilantwort auf unsere Ausgangsfrage „War der Dreißigjährige Krieg vermeidbar" gefunden. Welche?*** – Schülerantworten	

Erarbeitungsphase 2

Folie M 5

- ***Nachdem die Situation im Reich und in Europa um 1600 geklärt ist, möchte ich nun einen Brief vorlesen und ihr versucht dabei bitte, das darin Geschilderte nachzuvollziehen.***

Bericht über Donauwörth (M 5)
Auswertung im gel. UG; TA

- ***Was ist dem Brief nach in Donauwörth passiert?***

- Es fand eine Prozession der Katholiken statt
- Auf dem Rückweg passten die Protestanten die Katholiken ab und es kam zu Gewalttätigkeiten
- Der Kaiser schickte Gesandte, die verspottet wurden
- Der Kaiser beauftragte Maximilian von Bayern damit, für Ruhe und Ordnung zu sorgen
- Maximilian schickte Truppen und nahm Donauwörth ein
- Er bekam vom Kaiser die Stadt Donauwörth als Pfand für seine Kriegskosten
- Maximilian leitete die Rekatholisierung ein

- ***Donauwörth war eine freie Reichsstadt und das heißt, dass Maximilian gegen die Bestimmungen des Augsburger Religionsfriedens verstößt.***

- ***Wie werden sich die anderen Protestanten im Reich verhalten?***

- Protest einlegen
- eventuell gewalttätig werden
- etc.

- ***Nun, die Protestanten des Reiches treffen sich bei Anhausen (Nähe Nördlingen) und schließen ein Bündnis, die sogenannte Union unter dem Vorsitz des Kurfürsten von der Pfalz. Ihr Ziel war, eine Front gegen den Kaiser und die Rekatholisierung aufzubauen.***

erg. LV; TA

- ***Wie werden die Katholiken darauf reagieren?***

- Sie schließen ein Gegenbündnis.

- ***Genau, die sogenannte Katholische Liga wird 1609 in München unter Führung Bayerns (Kürfürst Maximilian I.) geschlossen. Ihr Ziel ist, ein militärisches Gegengewicht zur protestantischen Union zu schaffen und die Reformation einzudämmen.***

erg. LV; TA

- ***Wenn ihr jetzt an die Situation in Europa zurückdenkt – wie könnten sich diese Bündnisse denn noch verstärken?***

– durch ausländische Mächte

- ***Das alles halten wir zunächst im Heft fest.*** TA

- ***Was aber bedeutet das für unsere Themafrage?***

– Schülerantworten

Erarbeitungsphase 3

- ***Nun können wir noch die Informationen vom Beginn der Stunde aufnehmen*** gel. UG

- ***Wie stellte sich die Situation in Böhmen dar?***

– Kaiser Rudolf verfasste Majestätsbrief TA
– Er sicherte darin freie Religionsausübung zu
– Nachfolger Ferdinand war streng katholisch
– Er ließ protestantische Kirchen schließen
– Dadurch kam es zum Prager Fenstersturz

Bewertung

- ***Unsere Ausgangsfrage lautete „War der Dreißigjährige Krieg unvermeidlich?" und wir haben zunächst den Prager Fenstersturz besprochen.*** Bewertung und Sicherung im off./gel. UG

- ***Jetzt möchte ich die Themafrage anders formulieren: Warum glaubte bereits jeder vor dem Prager Fenstersturz an eine militärische Auseinandersetzung?***

– Schülerantworten
– Es herrschte eine große Unzufriedenheit mit den Regelungen des Augsburger Religionsfriedens
– Die Konfessionen versuchten weiterhin, ihren Glauben auf Kosten der anderen Konfession weiter auszubreiten
– Es hatten sich im Reich, aber auch in Europa bereits feste Bündnissysteme herausgebildet, um im Falle einer Auseinandersetzung gewappnet zu sein
– Neben den konfessionellen gab es auch eine Menge machtpolitischer Motive für eine Auseinandersetzung
– Der Prager Fenstersturz war nur noch der benötigte Anlass (der Funke)

III. Tafelbild

War der Dreißigjährige Krieg unvermeidlich?

Protestantische Fürsten
Ziel: Verteidigung der Reformation

Katholische Fürsten
Ziel: Gegenreformation

1606:

Ereignisse von Donauwörth:
Nach Unruhen betreibt
Maximilian I. von Bayern
die Gegenreformation in Donauwörth

1608:
Protestantische Union
Führung: Kurfürst von der Pfalz
Bündnisse mit:
- England
- Niederlande
- Frankreich

→

1609:
Katholische Liga
Führung: Kurfürst Maximilian I. von Bayern
Bündnisse mit:
- Kaiser
- Spanien
- Papst

Böhmen:

Kaiser Rudolf II:
Majestätsbrief
→ freie Religionsausübung

Kaiser Ferdinand:
streng katholisch;
→ Schließung von protestantischen Kirchen

↓

1618: Prager Fenstersturz

↓

Beginn des Dreißigjährigen Krieges

Bildquelle: Prager Fenstersturz M 1

Bildquelle: Prager Fenstersturz M 2

Rätsel mit Stichpunkten (Folie) M 3

Rätsel mit Stichpunkten

Hier habt ihr einige Stichpunkte, die euch helfen sollen, das eben Gehörte wiederzugeben. Die Reihenfolge ist rein zufällig gewählt:

Böhmischer Adel – Misthaufen – Majestätsbrief – Prager Burg – freie Religionsausübung – zwei kaiserliche Beamte – Ferdinand II. – freie Königswahl – 1609 – Schließung protestantischer Kirchen – Kaiser Matthias – König von Böhmen

Europa um 1600 (Arbeitsblatt) M 4

Nordeuropa

Länder: ____________________

Konfession: ____________________

Kampf um ____________________

Habsburg und seine Verbündeten

Länder: ____________________

____

____

____

Konfession: ____________________

Verbündeter: ____________________

Kampf um VORHERRSCHAFT in Europa

Antihabsburger Koalition

Länder: ____________________

____

____

Konfession: ____________________

____

____

____

____

➔ ____________________

____

Europa um 1600 (Lösung)

M 4

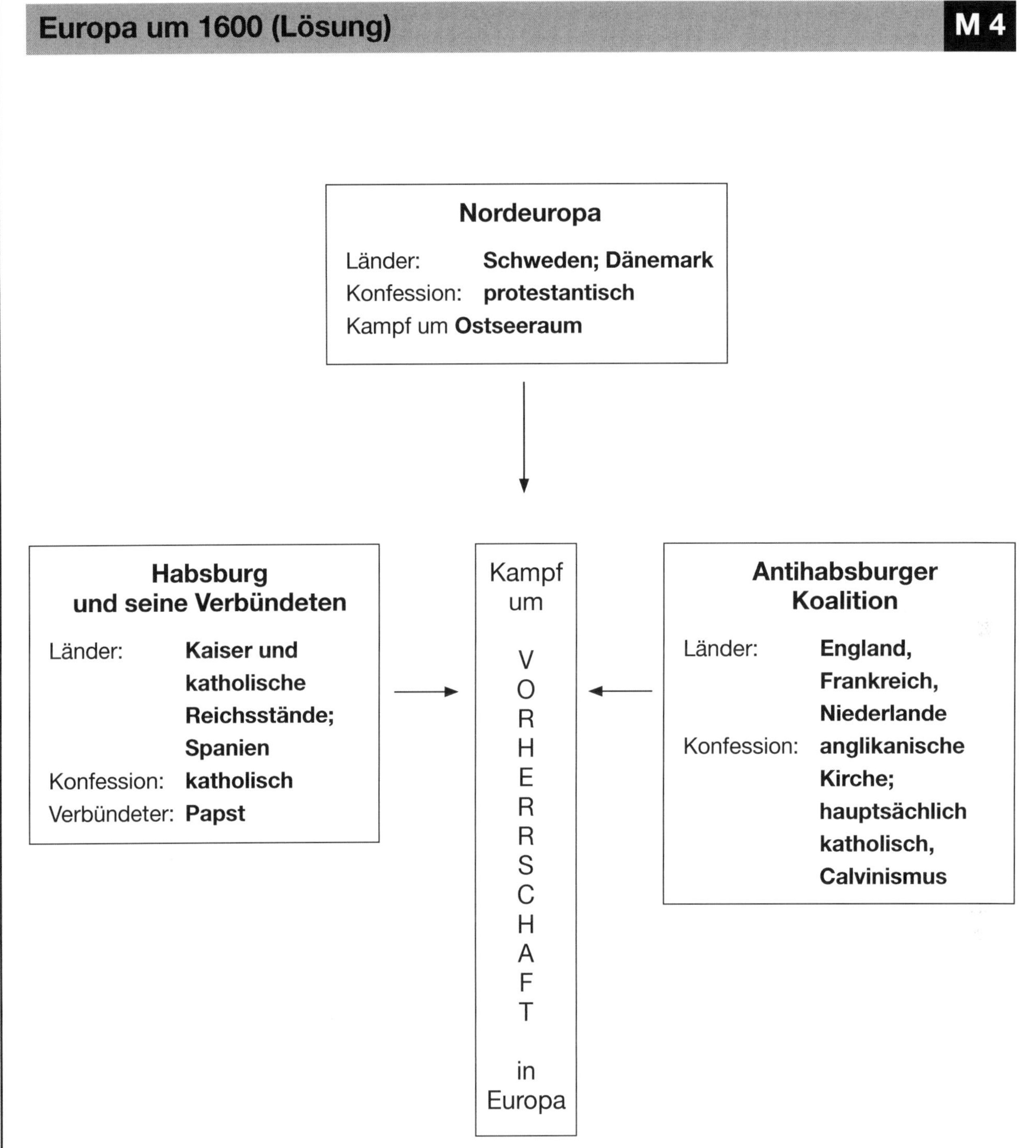

➔ Zersplitterung aus konfessionellen und machtpolitischen Gründen

Brief: Ereignisse in Donauwörth **M 5**

Lieber Gregor,

ich habe lange nichts mehr von mir hören lassen, aber bei uns werden die Verhältnisse immer chaotischer. Ich hoffe nur, dass es dir in der Schweiz besser ergeht.
Ich habe dir ja in meinem letzten Brief davon berichtet, dass in Donauwörth die in Augsburg festgelegte Regelung, wonach in Reichsstädten beide Konfessionen nebeneinander bestehen sollen, ein ständiger Anlass für Streit ist. Vor einiger Zeit sind diese gegenseitigen Sticheleien aber eskaliert. Am Markustag zogen wie jedes Jahr die Katholiken von Heilig-Kreuz in einer Bittprozession nach Auchsesheim und dieses Mal nahmen sehr viele Katholiken von außerhalb teil. Der Stadtrat hatte bereits vor Jahren einen Beschluss erlassen, dass die Katholiken bis zum Donautor weder die Kreuzfahnen ausrollen, noch singen und beten dürfen.
Doch sie legten es diesmal auf eine Provokation an, zumal sie von den protestantischen Bürgern verspottet wurden. Dennoch schien zunächst alles gut zu gehen – die Prozession wurde zwar übel beschimpft, doch gelangte sie ohne Zwischenfall vor das Tor. Auf dem Rückweg jedoch wurde die Prozession von etwa 200 fanatischen Männern abgepasst. Sobald das Außentor geschlossen war, flogen Steine und mit Prügel und Stecken fiel die Menge über die Bittgänger her. Erst nach einiger Zeit gelang es den „Heilig-Kreuzern“ verletzt und verfolgt ins Kloster zu entkommen.
Aufgrund dieser Ereignisse erhielt der Bayernherzog Maximilian vom Kaiser den Auftrag, in Donauwörth für Recht und Ordnung zu sorgen. Aber stell dir vor, die Delegierten des Herzogs wurden mit Spott und Hohn empfangen. Die Reichsacht und die Besetzung unserer Stadt durch die Bayern war die Folge und seitdem wird eine rücksichtslose Rekatholisierung betrieben.
Zu allem Übel hat Kaiser Rudolf II. die Stadt jetzt auch noch Maximilian als Pfand für die entstandenen Kriegskosten übertragen und das bedeutet, dass die Protestanten sich entweder umtaufen lassen oder auswandern müssen.
Jetzt hoffe ich nur, dass sich die Lage im Reich nicht weiter verschärft, ansonsten muss ich dich um Hilfe bitten.
Sobald es Neuigkeiten gibt, melde ich mich wieder bei dir.

Dein Bruder Georg

10. War der Dreißigjährige Krieg ein Religionskrieg?

I. Fachliche Vororientierung

Zu Beginn des Dreißigjährigen Krieges hatten die religiösen Gegensätze zwischen den Protestanten und Katholiken im Vordergrund gestanden. Im Verlauf wurde der Krieg allerdings immer mehr von machtpolitischen Interessen und Zielen bestimmt. Ein Ziel aller deutschen Reichsstände, egal ob katholisch oder protestantisch, war, die Macht des Kaisers in Wien zu schwächen und die eigene Selbstständigkeit auszubauen. Unterstützung fanden sie dabei im evangelischen Schweden und katholischen Frankreich. Neben religiösen Zielen verfolgte Schweden vor allem die Sicherung der Vorherrschaft an Nord- und Ostsee, während Frankreich alles dafür tat, um die Umklammerung durch die katholischen Habsburger aufzubrechen und die Vorherrschaft in Europa zu erlangen. Konfessionelle Überlegungen wurden hierbei komplett ignoriert. So weitete sich die Einmischung der ausländischen Staaten in die deutschen Angelegenheiten zu einem Machtkampf aus, in dem es um die zukünftige Gestalt der europäischen Machtverhältnisse ging.
(Zum genauen Verlauf des Dreißigjährigen Krieges siehe M 3).

II. Verlaufsplan der Unterrichtsstunde

Einstieg

Folie M 1

Auswertung eines Gedichts (M 1) im gel. UG

- ***Heute möchte ich mit einem Gedicht beginnen. Lest euch dieses Gedicht zunächst mehrmals leise durch und überlegt dabei, was die Grundaussage dieses Gedichtes ist.***
- ***Was bedeutet Krieg in den Augen des Dichters Friedrich von Logau (1604–1655)?***

– Krieg bedeutet Tod, Verlust, Leid, Grausamkeiten, Unrecht, Angst, Flucht etc.
– Krieg ist die schlimmste Katastrophe für den Menschen

- ***Was ist das Besondere an diesem Gedicht?***

– Die schlimmen Auswirkungen des Krieges stehen am Anfang jeder Zeile
– Die Anfangswörter dieser Zeilen klingen wie Kanonendonner nach
– Die Anfangsbuchstaben dieser Wörter ergeben vertikal gelesen wieder das Wort Krieg

Folie M 2

Auswertung eines Liedes (M 2) im gel. UG

- ***Hier habe ich einen weiteren Text. Es handelt sich dabei um ein Soldatenlied. Lest euch dieses wiederum leise durch und versucht, es euch von vielen Männern laut gesungen vorzustellen.***
- ***Was ist die Hauptaussage dieses Liedes?***

– Die Soldaten haben im Krieg die alleinige Macht
– Sie leben auf Kosten der anderen Menschen
– Sie lassen die anderen Menschen ihre Macht spüren

- ***Sehr gut. Wir werden die Leiden des Krieges noch ausführlicher behandeln. Heute wollen wir uns allerdings zuerst mit dem Verlauf des Krieges beschäftigen und uns dabei die Frage stellen:***

Themaangabe

War der Dreißigjährige Krieg ein Religionskrieg?

LV
TA

Erarbeitungsphase 1

- ***Zunächst müssen wir uns mit dem Verlauf des Krieges beschäftigen. Dreißig Jahre Krieg sind eine lange Zeit, in der es viele Entwicklungen und Wendungen gab.***

LV

Arbeitsblätter M 3–M 5

Erarbeitung des Verlaufs in PA mit Hilfe der Handouts (M 3–5)
Auswertung durch Vergleich mit Lösungsfolie (Tafelbild) im gel. UG

Veranschaulichung der geographischen Lage durch Schulkarte oder Atlas

- ***Ihr bekommt jetzt eine Zusammenfassung zu den Hauptgeschehnissen dieser dreißig Jahre, die ihr euch bitte leise durchlest. Außerdem bekommt ihr ein weiteres Blatt, das die Kriegsparteien sowie die Konflikte und Ereignisse in beliebiger Reihenfolge auflistet.***
  Eure Aufgabe ist es, die einzelnen Kästchen auszuschneiden und schließlich richtig auf dem dritten Blatt, welches ihr jetzt auch noch von mir bekommt, anzuordnen, sodass der Verlauf des Deißigjährigen Krieges richtig dargestellt ist.
  Bevor ihr die Kästchen schließlich aufklebt, sagt ihr mir bitte Bescheid, damit ich eure Version noch kurz kontrollieren kann.

Erarbeitungsphase 2

Folie M 6

Auswertung mehrerer Textquellen (M 6) in GA, Auswertung durch Präsentation und im gel. UG

- ***Nachdem ihr nun alle den Verlauf des Dreißigjährigen Krieges erarbeitet habt, wollen wir nun in einem zweiten Schritt anhand einiger ausgewählter Quellen versuchen, unsere Frage „War der Dreißigjährige Krieg ein Religionskrieg“ zu beantworten. Da es sich dabei um mehrere Quellen handelt, werden wir diese unter euch aufteilen. Ihr arbeitet bitte in folgenden vier Gruppen zusammen:***

- ***Gruppe 1: Position Schwedens***
- ***Gruppe 2: Position Frankreichs***
- ***Gruppe 3: Position des Kaisers***
- ***Gruppe 4: Position der Reichsstände***

Folie M 7

Arbeitsanweisung (M 7) Gruppenarbeit; Auswertung im gel. UG

- ***Ihr lest euch zunächst die für eure Gruppe spezifische(n) Quelle(n) durch. Danach arbeitet ihr bitte die Motive heraus, die für den Krieg (Schweden/Frankreich) bzw. für die entsprechenden Forderungen (Kaiser/Reichsstände) stehen und notiert euch diese neben der/den Quelle(n). Davon ausgehend formuliert ihr eine Antwort auf die Frage, ob der Dreißigjährige Krieg ein Religionskrieg war.***

- ***Welche Ergebnisse kann eure Gruppe präsentieren?***

Gruppe 1: Schweden

- Angst vor Einflussverlust an Nord- und Ostsee
- Hilfe für bedrängte Protestanten im deutschen Reich
- **Fazit:** religiöse und machtpolitische Motive

Gruppe 2: Frankreich

- Zerschlagung der Macht der Habsburger zunächst mit Geldzahlungen, später durch direkte Kriegsbeteiligung
- keine religiösen Motive
- **Fazit:** machtpolitische Motive

Gruppe 3: Kaiser (Reich)

- Zerschlagung des Protestantismus
- Ausbau der kaiserlichen Macht
- **Fazit:** religiöse und machtpolitische Motive

Gruppe 4: Reichsstände

- Angst vor Zerstörung des Protestantismus
- Verhinderung einer zu großen Macht des Kaisers
- **Fazit:** religiöse und machtpolitische Motive

Bewertung

- ***Unsere Ausgangsfrage lautete „War der Dreißigjährige Krieg ein Religionskrieg?" Ihr habt jetzt die Ergebnisse sämtlicher Gruppen gehört und kennt eure jeweils eigenen. Was antwortet ihr jetzt auf die Frage:***
- ***War der Dreißigjährige Krieg ein Religionskrieg?***

Bewertung und Sicherung im off./gel. UG; Ergebnis auf Handout (M 5)

- Schülerantworten
- Religionskrieg und europäischer Machtkampf
- …

III. Stundenergebnis

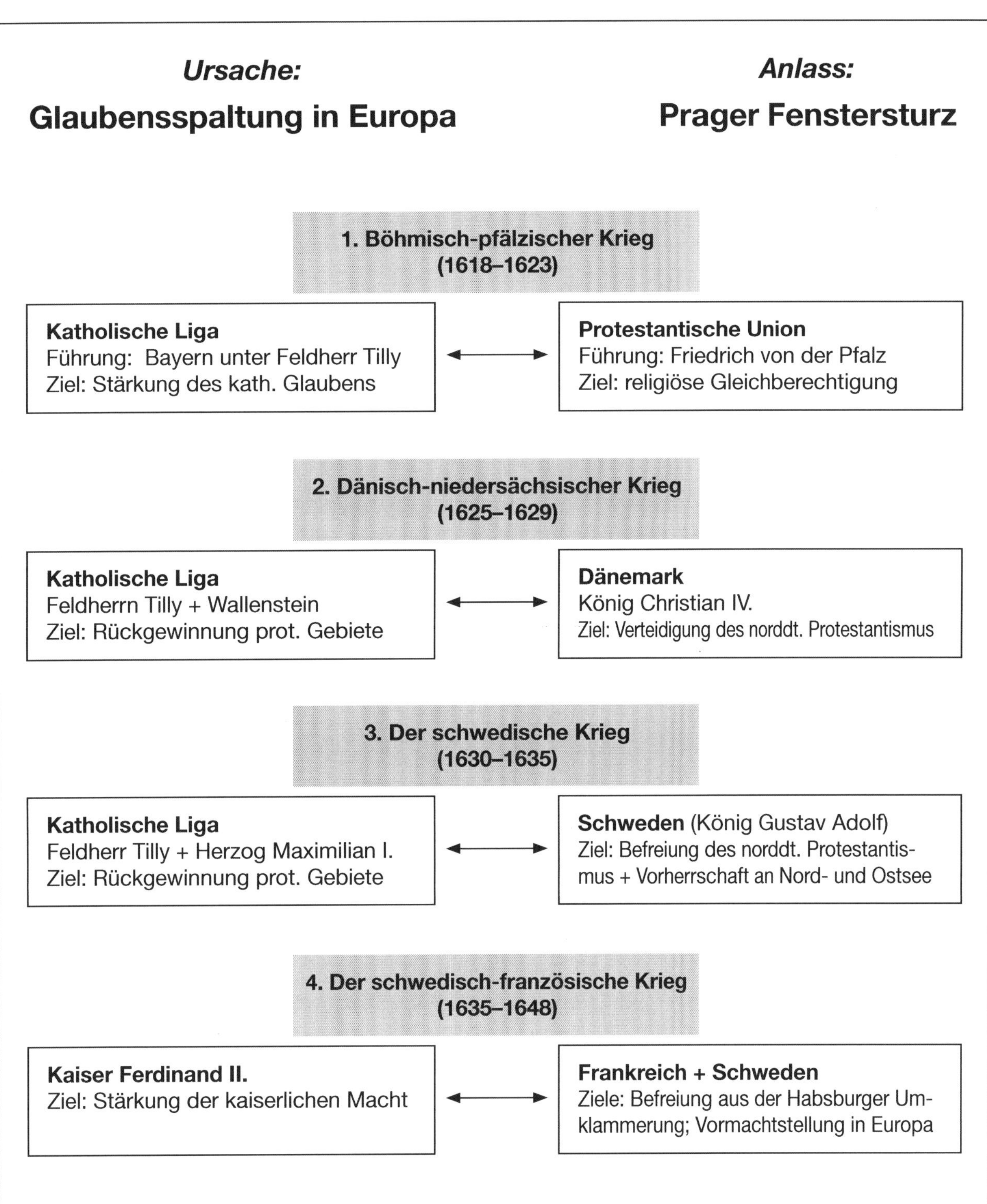

War der Dreißigjährige Krieg ein Religionskrieg?

Ursache:	*Anlass:*
Glaubensspaltung in Europa	**Prager Fenstersturz**

1. Böhmisch-pfälzischer Krieg (1618–1623)

Katholische Liga Führung: Bayern unter Feldherr Tilly Ziel: Stärkung des kath. Glaubens	↔	**Protestantische Union** Führung: Friedrich von der Pfalz Ziel: religiöse Gleichberechtigung

2. Dänisch-niedersächsischer Krieg (1625–1629)

Katholische Liga Feldherrn Tilly + Wallenstein Ziel: Rückgewinnung prot. Gebiete	↔	**Dänemark** König Christian IV. Ziel: Verteidigung des norddt. Protestantismus

3. Der schwedische Krieg (1630–1635)

Katholische Liga Feldherr Tilly + Herzog Maximilian I. Ziel: Rückgewinnung prot. Gebiete	↔	**Schweden** (König Gustav Adolf) Ziel: Befreiung des norddt. Protestantismus + Vorherrschaft an Nord- und Ostsee

4. Der schwedisch-französische Krieg (1635–1648)

Kaiser Ferdinand II. Ziel: Stärkung der kaiserlichen Macht	↔	**Frankreich + Schweden** Ziele: Befreiung aus der Habsburger Umklammerung; Vormachtstellung in Europa

➔ Religionskrieg und europäischer Machtkampf

Textquelle: Gedicht des deutschen Dichters Friedrich von Logau (Folie) **M 1**

K rieg, der das Mark verzehrt,
R aub, der Hab und Gut verheert,
J ammer, der den Sinn verkehret,
E lend, das den Leib beschweret,
G rausamkeit, die Unrecht lehret,
sind die Frucht, die Krieg gewähret.

Textquelle: Soldatenlied (Folie) **M 2**

Wir sind die Herrn im Land,
die prangend gehen in Waffen,
wir sind der höchste Stand,
den Gott selbst hat erschaffen,
dieweil die andern Ständ im Land,
die müssen uns ernähren,
wir ihnen Mores lehren,
mit Waffen allerhand.

Kriegsverlauf des Dreißigjährigen Krieges (Arbeitsblatt) M 3

Der Dreißigjährige Krieg

Kurz nachdem böhmische Adelige aus Wut über die Einschränkung ihrer Religionsfreiheit die königlichen Statthalter aus dem Fenster der Prager Burg geworfen hatten, erklärten die böhmischen Stände Ferdinand als böhmischen König für abgesetzt und wählten den calvinistischen Kurfürsten Friedrich von der Pfalz zu ihrem neuen König. Sie hofften, zusammen mit der protestantischen Union gegen die Kräfte der katholischen Liga standhalten zu können.
Bald aber rückten Truppen der katholischen Liga unter Graf Tilly, Feldherr in bayerischen Diensten, nach Böhmen ein und besiegten in der Schlacht am Weißen Berg bei Prag (1620) die Protestanten. Der aufständische böhmische Adel wurde enteignet, seine Ländereien verkauft. Nach der Flucht des „Winterkönigs" – Friedrich hatte nur einen Winter lang regiert – besetzte Tilly die Pfalz. Der Kaiser übertrug Herzog Maximilian zum Dank die pfälzische Kurwürde. Eigentlich hätte damit der Krieg zu Ende sein können.
Doch da griffen Staaten ein, die ihre Macht sichern bzw. ihrer Religion zum Sieg verhelfen wollten. Spanien versuchte, einen Aufstand der Niederländer zu unterdrücken, was bei einem positiven Ausgang die Lage der Protestanten sehr geschwächt hätte.
Der dänische König Christian IV., als Herzog von Holstein zugleich deutscher Reichsfürst, griff zugunsten der Protestanten ein. Wieder siegten aber die Truppen der katholischen Liga unter den Feldherrn Tilly und Wallenstein. Dieser katholisch gewordene böhmische Adelige war durch Landkauf wohlhabend geworden. Mit seinen Söldnertruppen verfolgte er den flüchtenden dänischen König sogar bis Jütland und eroberte Mecklenburg. 1628 belehnte ihn der Kaiser mit dem Herzogtum Mecklenburg. Der Dänenkönig kam – trotz seiner Niederlage – mit dem Versprechen davon, sich künftig nicht mehr in Reichsangelegenheiten einzumischen (Friede von Lübeck, 1629). Nach den Siegen der katholischen Seite glaubte der Kaiser, weite Teile des Reiches rekatholisieren zu können. 1629 verkündete er einen Erlass (Restitutionsedikt) nach dem alle geistlichen Fürstentümer, die seit 1555 protestantisch geworden waren, wieder katholisch werden sollten. Für Reformierte (Calvinisten u. a.) sollte nach wie vor der Augsburger Religionsfriede nicht gelten. Danach hätten allein in Württemberg 50 katholische Klöster wiederhergestellt werden müssen.
Aus großer Sorge vor einer zu großen Machtfülle des Kaisers und dessen Feldherrn Wallenstein setzten die Fürsten 1630 auf dem Kurfürstentag zu Regensburg die Entlassung Wallensteins samt eines Großteils seines Heeres durch.
Im selben Jahr änderte sich aber der Kriegsverlauf, als König Gustav Adolf von Schweden mit 13 000 Mann in Pommern landete. Zunächst konnte er die Eroberung Magdeburgs durch die Katholiken nicht verhindern. Dann aber trieb er das Heer der Liga vor sich her und schlug es mehrfach. 1632 wurde Graf Tilly tödlich verwundet, als er vergeblich versuchte, die Schweden bei Rain am Lech aufzuhalten. Daraufhin drangen die Protestanten ungehindert nach Bayern vor. Eine Rettung vor den Schweden schien nur noch durch Wallenstein möglich. Auf drängende Bitten des Kaisers stellte der zuvor abgesetzte Feldherr ein neues Heer auf. In der Schlacht von Lützen (1632) musste er zwar das Feld räumen, doch fiel der Sieger Gustav Adolf. Wieder ließ der Kaiser Wallenstein fallen: Aus Angst vor einem Bündnis der Schweden mit dem erfolgreichen Feldherrn befahl Kaiser Ferdinand im Februar 1634, Wallenstein in Eger zu ermorden. Danach schloss der Kaiser mit dem lutherischen Kurfürsten von Sachsen einen Sonderfrieden, um gemeinsam die Schweden von deutschem Boden zu vertreiben. Fast alle Reichsstände traten diesem Vertrag bei.
Gegen die wachsende Macht des Habsburger Kaisers griff nun das katholische Frankreich offen in den Krieg ein, nachdem es schon seit einiger Zeit die Gegner des Kaisers finanziell unterstützt hatte. Zu dieser Zeit bestimmten die Kardinäle Richelieu (bis 1642) und nach dessen Tod Mazarin (bis 1661) die Politik in Frankreich. Diese katholischen Würdenträger machten mit den Protestanten (aber auch mit muslimischen Türken) gemeinsame Sache, solange sie nur die katholischen Habsburger im Reich und in Spanien schwächen konnten.
Die letzten Jahre des Krieges waren die schlimmsten. Schonungslos wüteten die Landsknechttruppen unter der Bevölkerung. Erst 1648 gelang nach langen Verhandlungen der kriegsführenden Parteien ein Friedensschluss.

Verlauf Dreißigjähriger Krieg (Puzzle – bitte ausschneiden) M 4

1. Phasen:

2. Dänisch-niedersächsischer Krieg (1625–1629)

3. Der schwedische Krieg (1630–1635)

1. Böhmisch-pfälzischer Krieg (1618–1623)

4. Der schwedisch-französische Krieg (1635–1648)

2. Beteiligte Mächte

Katholische Liga
Feldherrn Tilly + Wallenstein
Ziel: Rückgewinnung prot. Gebiete

Schweden (König Gustav Adolf)
Ziel: Befreiung des norddt. Protestantismus + Vorherrschaft an Nord- und Ostsee

Protestantische Union
Führung: Friedrich von der Pfalz
Ziel: religiöse Gleichberechtigung

Katholische Liga
Feldherr Tilly + Herzog Maximilian I.
Ziel: Rückgewinnung prot. Gebiete

Kaiser Ferdinand II.
Ziel: Stärkung der kaiserlichen Macht

Dänemark
König Christian IV.
Ziel: Verteidigung des norddt. Protestantismus

Frankreich + Schweden
Ziele: Befreiung aus der Habsburger Umklammerung; Vormachtstellung in Europa

Katholische Liga
Führung: Bayern unter Feldherr Tilly
Ziel: Stärkung des kath. Glaubens

Tafelbild leer (Arbeitsblatt) **M 5**

War der Dreißigjährige Krieg ein Religionskrieg?

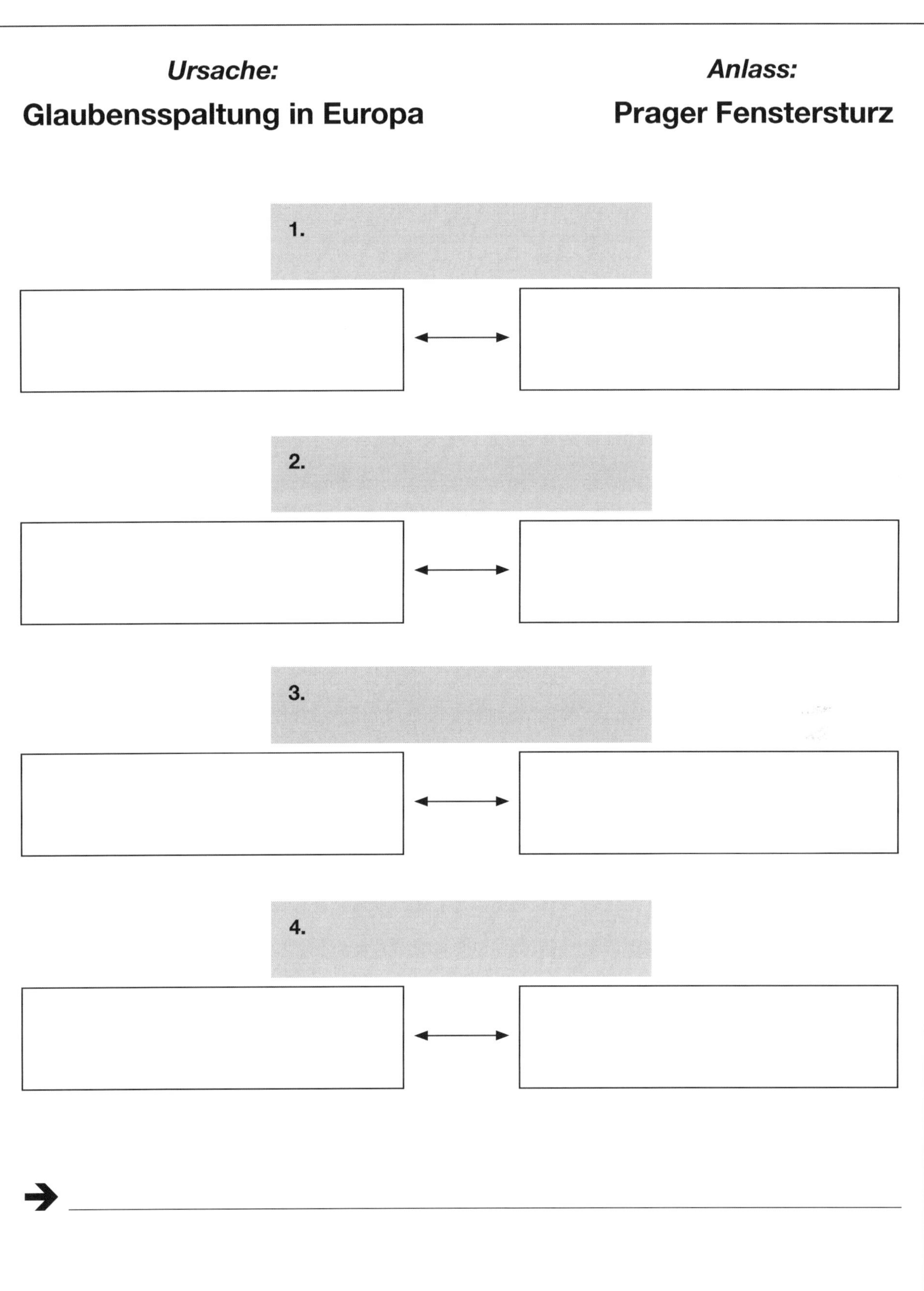

Textquellen: Kriegsmotive (Folie) **M 6**

1. Die Position Schwedens

a) Aus den Beratungen des Schwedischen Reichsrates

„Man weiß, dass der Kaiser einen unauslöschlichen Hass gegen Schweden trägt, nicht allein in seinem Vorsatz, alle Evangelischen auszurotten, sondern auch in dem alten Verlangen des Hauses Habsburg nach der unumschränkten Herrschaft. (…) Es gibt keinen besseren Schutz für (…) Schweden als die Offensive (…). Auch würde es vor Gott und den Menschen unverantwortlich sein, wenn Schweden seine Religionsverwandten (…) verließe."

b) Erklärung Gustavs II. Adolf

„Es gibt keinen besseren Schutz für die Ostsee – und folglich keine andere Sicherheit für Schweden – als die Offensive (…). Hinzu kommt, dass unsere hochbedrängten Verwandten und Schwäger uns dazu geraten haben, diesen Krieg zu unternehmen, dessen größtes Ziel ja ist, unsere unterdrückten Religionsverwandten aus den Klauen des Papstes zu befreien, was uns hoffentlich mit Gottes Gnade gelingen wird."

2. Die Position Frankreichs

a) Kardinal Richelieu 1633

„In der gegenwärtigen Lage muss es das erste Ziel sein, durch Geld zu versuchen, den Krieg in Deutschland (…) fortzusetzen, ohne dass Frankreich genötigt wäre, offen daran teilzunehmen.
Aber wenn klar zu erkennen wäre, dass die Kriegsmüdigkeit einen Friedensschluss befürchten ließe, dann wäre zu überlegen, ob Frankreich, im Bündnis mit den deutschen (…) Protestanten sich offen gegen das Haus Habsburg erklärt (…)."

b)

„Man sollte sich mit dem König von Schweden verbünden, dass man das ganze Haus Habsburg absolut ruinieren und damit auf immer von der Furcht, der Eifersucht und den Ausgaben frei sein könnte, zu denen seine Größe seit langer Zeit Frankreich nötigte, dass man aus seinen Trümmern Nutzen ziehen und der König [Frankreich] sich zum Herrn aller katholischen Fürsten der Christenheit und infolgedessen zum mächtigsten Herrscher Europas machen könnte."

Textquellen: Kriegsmotive (Folie) M 6

3. Die Position des Kaisers

a) Erklärung des Kaisers (Restitutionsedikt)

„Die protestierenden Stände haben selbst angedeutet, dass es unnötig sei, auf des einen oder anderen Teils Bewilligung zu sehen oder zu warten, sondern dass der Kaiserlichen Majestät als dem Oberhaupt und Handhaber aller Ordnung und Gesetze, auch Beschirmer und Beschützer der Bedrängten alle vollkommene Gewalt und Macht zustehe, ihr kaiserliches Amt zu interponieren [wahrzunehmen] und Abschaffung alles schädlichen Missverstandes und Unheils (...) zu verordnen."

b) Interpretation des Religionsfriedens (Zusammenfassung)

Die wichtigsten Streitfragen werden wie folgt entschieden:

1. *das Recht der protestantischen Landesherrn zur Einziehung der in ihren Territorien liegenden geistlichen Güter wird bestritten;*
2. *den Untertanen der Schutz vor Ausweisung und der Anspruch auf Duldung bestritten.*

4. Die Position der protestantischen Reichsfürsten

„Nachdem die vornehmste Ursache der evangelischen Bewaffnung die Freiheit des Gewissens ist, fordern wir, dass ohne Unterschied die Reformierten [Calvinisten] wie auch die Lutherischen im Religionsfrieden ausdrücklich einbegriffen sein sollen. Und deshalb gebührt es keinem Römischen Kaiser, über das Verständnis der Augsburger Konfession und dem daraus erfolgten Religionsfrieden sich irgendeine Betrachtung, Auslegung oder Erklärung anzumaßen, sondern solches alles gehört vor die Stände.
Trotzdem hat sich die jetzige Römische Kaiserliche Majestät gefallen lassen [beschlossen], ein sogenanntes Edikt [Restitutionsedikt] herfürzubringen, in welchem sie wegen der geistlichen Güter und auch darüber, wer zur Augsburgerischen Konfession gehöre (...) Verordnungen tun wollen. Solches alles soll als null und nichtig aufgehoben werden."

Arbeitsanweisung Gruppenarbeit (Folie) M 7

Ihr arbeitet bitte in folgenden ***vier Gruppen*** *zusammen:*

- **Gruppe 1: Position Schwedens**
- **Gruppe 2: Position Frankreichs**
- **Gruppe 3: Position des Kaisers**
- **Gruppe 4: Position der Reichsstände**

1. *Ihr lest euch zunächst die für eure Gruppe spezifische(n) Quelle(n) durch.*
2. *Danach arbeitet ihr bitte die Motive heraus, die für den Krieg (Schweden/Frankreich) bzw. für die entsprechenden Forderungen (Kaiser/Reichsstände) stehen.*
3. *Ihr notiert euch diese neben der/den Quelle(n).*
4. *Von euren Ergebnissen ausgehend formuliert ihr eine Antwort auf die Frage, ob der Dreißigjährige Krieg ein Religionskrieg war.*

Arbeitszeit: 8 Minuten

11. Wer profitiert von den Regelungen des Westfälischen Friedens?

I. Fachliche Vororientierung

Zu den recht undurchsichtigen Kriegsereignissen gegen Ende des Dreißigjährigen Krieges liefen parallel bereits verschiedene Bemühungen, die große Sehnsucht der Menschen nach Frieden zu stillen. Die seit 1644 laufenden Verhandlungen zwischen dem Kaiser und den Reichsständen mit Frankreich in Münster und mit Schweden in Osnabrück mündeten schließlich 1648 in Friedensverträge, die man als Westfälischer Friede bezeichnete. Damit wurde am 24.10.1648 der bis dahin verheerendste Krieg der deutschen Geschichte beendet, an dessen Ende ein Drittel der Bevölkerung ums Leben gekommen war und weite Landstriche verwüstet waren. Es sollte mehrere Jahrzehnte dauern, bis sich Deutschland von den Folgen des Dreißigjährigen Krieges wieder erholt hatte.

Im Westfälischen Frieden wurden die Fragen der territorialen Gliederung, der konfessionellen Regelung und Neuordnung der Reichsverfassung festgelegt. Dabei wurde der Augsburger Religionsfriede von 1555 grundsätzlich bestätigt, die calvinistische Konfession aber miteinbezogen. Am Prinzip „cuius regio, eius religio" änderte sich nichts, als Normaljahr wurde das Jahr 1624 festgelegt, d.h. es galten die Konfessionsverhältnisse dieses Jahres. Um konfessionelle Majoritäten in den Reichsbehörden zu vermeiden, berieten fortan die katholischen und die protestantischen Stände in jeweils eigenen Gremien, ein Beschluss konnte allerdings nur einvernehmlich gefasst werden. Territorial gab es einige Veränderungen, von denen die wichtigsten das Ausscheiden der Schweiz und der Niederlande aus dem Reichsverband waren, die nun souveräne Staaten wurden. Frankreich erwirkte einige Gebietsgewinne unter denen Metz, Toul, Verdun und die ehemals habsburgischen Gebiete im Elsass die wichtigsten waren. Auch Schweden konnte mit Vorpommern, Bremen und Verden Gebietsgewinne verzeichnen. Beide Staaten, Frankreich und Schweden wurden Garantiemächte des Friedens. Darüber hinaus erhielten Frankreich und Schweden von Seiten des Reiches Reparationszahlungen. Ansonsten wurden die territorialen Verhältnisse auf der Grundlage des Zustandes von 1618 wieder weitgehend hergestellt. Einzige Ausnahme bildete das Verbleiben der Oberpfalz mit der Kurwürde bei Bayern. Für die Kurpfalz wurde eine eigene, die 8. Kurwürde eingerichtet.

In der Reichspolitik verlor der Kaiser an Einfluss, da seine Gewalt nun durch die Verleihung der vollen Landeshoheit über die Steuerhoheit, die Rechtsprechung, die Außenpolitik und die Gesetzgebung u. a. m. an alle Reichsstände deutlich beschränkt worden war. Damit war der Dualismus zwischen Zentralgewalt und Teilgewalten endgültig zugunsten der Partikulargewalten entschieden worden. Das Reich wurde zum berühmten „Flickenteppich", der erst unter der napoleonischen Herrschaft beseitigt wurde.

II. Verlaufsplan der Unterrichtsstunde

Einstieg

Folie M 1

Auswertung einer Bildquelle (M 1) im gel. UG

- ***Heute möchte ich mit einer Bildquelle beginnen, die wir uns ganz genau anschauen sollten.***

  Die Person auf dem Bild verkündete Folgendes:

  „Ich komme von Münster her gleich sporenstreichs geritten: Der Friede ist gemacht, gewendet alles Leid. Jo, gantz Münster, Osnabrugg und alle Welt ist froh ..." (LV)

- ***Was könnte diese Person darstellen?***

– Einen Reiter, der im Auftrag von einem/verschiedenen Fürsten das Ende des Dreißigjährigen Krieges und den Frieden verkündet

- ***Das habt ihr sehr richtig erkannt. Wir können auch schnell herausfinden, welche Nationen miteinander Frieden geschlossen haben, denn es finden sich im Bild versteckte Hinweise dazu.***
  Könnt ihr diese Hinweise finden?

– Stockholm ➔ Schweden
– Paris ➔ Frankreich
– Friedland ➔ Dt. Reich
– Wien ➔ Österreich bzw. der Deutsche Kaiser

- ***Außerdem sind noch zwei weitere Boten dargestellt.***
  Um welche Boten handelt es sich dabei und welche Botschaft überbringen sie?

– Hermes, der geflügelte Götterbote überbringt die Botschaft des Friedens (Pax)
– Der Friedensengel hat auf seiner Fanfare das Wort „Fama", als Ruf stehen. Auch er ruft den Frieden aus

---

Folie M 2

Auswertung einer zweiten Bildquelle (M 2) im gel. UG

- ***Hier habe ich noch eine zweite Bildquelle. Stellt doch mal Vermutungen darüber an, worum es sich dabei handeln könnte.***

– Es könnte sich um eine Abbildung der Originalurkunde zum Westfälischen Frieden handeln
– Es heißt schließlich „Instrumentarium Pacis" und „Friedensschluß"

- ***Ein interessanter Nebenaspekt hierbei war, dass man von dieser Urkunde zwei Niederschriften benötigte, denn die Unterzeichnung des Westfälischen Friedens fand an zwei unterschiedlichen Orten statt: in Münster und Osnabrück.*** (LV)

- ***Wie ihr wahrscheinlich schon vermutet, werden wir uns heute mit den Bestimmungen des Westfälischen Friedens beschäftigen. Die Fragestellung für die heutige Stunde lautet dabei:***

Themaangabe

Wer profitiert von den Regelungen des Westfälischen Friedens? LV TA

Erarbeitungsphase 1

- ***Ich werde euch nun zunächst noch einige weitere Informationen zu diesen Verhandlungen geben. Danach beschäftigen wir uns dann konkret mit deren Inhalt.***

Verhandelt wurde also, wie bereits erwähnt, an zwei unterschiedlichen Orten. Kaiser und Reichsstände verhandelten mit dem katholischen Frankreich in Münster und mit dem protestantischen Schweden in Osnabrück. Es handelte sich dabei um die größte Friedenskonferenz, die bis dahin jemals stattgefunden hatte. Jede der beiden Städte hatte nur 10 000 Einwohner, musste nun aber zusätzlich die gleiche Zahl an Personen beherbergen. Ihr könnt euch sicher vorstellen, was das nach fast dreißig Jahren Krieg bedeutete. Probleme gab es bei den Unterkünften, bei der Versorgung mit Nahrungsmitteln und vielem mehr. Darüber hinaus dauerten die Verhandlungen auch noch sehr lange, denn sie hatten bereits 1645 begonnen, kamen aber erst im Oktober 1648 nach zähem Feilschen und Ringen zum Abschluss. Die Unterzeichnung des Westfälischen Friedens wurde schließlich, begleitet von Gottesdiensten und Salutschüssen, gefeiert. LV; Auswertung im gel. UG

- ***Was von alledem, was ich euch jetzt gerade über die Verhandlungen erzählt habe, erachtet ihr als besonders wichtig?***

– zwei Verhandlungsorte: mit Frankreich in Münster und mit Schweden in Osnabrück
– größte Friedenskonferenz bis dahin, daher enormer logistischer Aufwand (Unterbringung und Verpflegung von 20 000 Menschen)

- ***Wenden wir uns nun den Inhalten der Verhandlungen zu.***
- ***Worüber musste denn eurer Meinung nach alles verhandelt werden?***

– religiöse Bestimmungen
– politische Bestimmungen: Wer hat die Macht im Reich?
– territoriale Bestimmungen: Gebietsänderungen

Erarbeitungsphase 2

- ***Ich möchte hierzu mit eurer Hilfe ein großes gemeinsames Plakat gestalten, das aus verschiedenen Elementen besteht. Es geht dabei um folgende Elemente:***

1. ***Die Gedanken und Aussagen der Gesandten während der Verhandlungen***
2. ***Der Westfälische Friede – eine Bilanz***

Auswertung mehrerer Quellen in PA/GA, Gestaltung eines gemeinsamen Posters

Folie M 3

- ***Als nächstes stelle ich euch die einzelnen Aufgaben vor und danach teilen wir euch in Gruppen auf.***

(Hinweis: In Klammer ist in der Methodik- und Materialspalte angegeben, wie viele Exemplare eines Arbeitsblattes/Handouts die Gruppe jeweils bekommt. Um Kopierkosten zu sparen, reicht meistens ein Exemplar des Ergebnis-Handouts, die Schüler sollten ihre Ergebnisse zunächst auf einem eigenen Blatt Papier festhalten)

Arbeitsblätter 1–5 b

Thema 1: Gedanken und Aussagen

Gruppe 4:

Ihr beschäftigt euch mit den Gedanken und Aussagen der Gesandten während der Konferenz. Dazu lest ihr die Textquellen T 1–T 3 (Arbeitsblatt 1) und vergleicht sie mit den Aussagen in den Sprechblasen von T 4 (Arbeitsblatt 2 a). Überlegt dann, zu welchem Gesandten welche Sprechblase gehört. Ihr arbeitet dabei innerhalb eurer Gruppe in Partnerarbeit. Ob ihr richtig liegt, könnt ihr erkennen, wenn die Buchstaben in den einzelnen Sprechblasen ein sinnvolles Lösungswort ergeben. Vergleicht eure Ergebnisse, nehmt dann die ausgeschnittenen Sprechblasen und klebt sie an den vorgesehenen Platz (Arbeitsblatt 2 b).

Thema 2: Eine Bilanz

Gruppe 1:

Ihr versucht, mithilfe eures Vorwissens und der vorherigen Hefteinträge die Kriegsziele der beteiligten Mächte vor bzw. während des Dreißigjährigen Krieges zu ermitteln. Ihr arbeitet dabei innerhalb eurer Gruppe in Partnerarbeit. Anschließend vergleicht ihr eure Ergebnisse untereinander und tragt sie schließlich in dieses Schema (Arbeitsblatt 3) unter dem Punkt „Kriegsziele“ ein.

Arbeitsblatt 1 (alle);
Arbeitsblatt 3 (1x)

Gruppe 2:

Ihr beschäftigt euch mit den Textquellen T 1 und T 2 (Arbeitsblatt 1) und versucht die neuen Bestimmungen des Westfälischen Friedens in eigene Worte zu fassen. Ihr arbeitet dabei innerhalb eurer Gruppe in Partnerarbeit. Anschließend vergleicht ihr eure Ergebnisse untereinander und tragt sie schließlich in dieses Schema (Arbeitsblatt 4) unter dem Punkt „Neue Regelung/Bedeutung“ ein. Die Spalte „Ergebnis“ bleibt leer.

Arbeitsblatt 1 (alle);
Arbeitsblatt 4 (1x)

Gruppe 3:

Ihr beschäftigt euch mit der Karte (Arbeitsblatt 5 a) und der Textquelle T 3. Dabei versucht ihr folgende Fragen zu lösen:
- *Wer bekam Teile Pommerns und das Gebiet zwischen Elbe- und Wesermündung?*
- *Wer bekam Holstein und dadurch Sitz und Stimme im Reichstag?*
- *Wer bekam Metz, Verdun, Toul und Teile des Elsass´?*
- *Wer schied komplett aus dem Reichsgebiet aus?*

Anschließend kennzeichnet ihr diese Gebiete mit unterschiedlichen Farben auf der Karte und legt dazu die passende Legende an. Ihr arbeitet dabei innerhalb eurer Gruppe in Partnerarbeit. Dann vergleicht ihr eure Ergebnisse untereinander und gestaltet eine gemeinsame Karte, die ihr dann ausschneidet und an den vorgesehenen Platz klebt.

Arbeitsblatt 1 + 5 (alle)

- ***Wenn ihr fertig seid, können wir die einzelnen Blätter zu einem Poster zusammenkleben.***

Bewertung

- ***Unsere Ausgangsfrage war „Wer profitiert von den Regelungen des Westfälischen Friedens?" Wir haben jetzt ein Poster zusammengestellt, bei dem die Spalte „Ergebnis" noch komplett leer ist. Die können wir aber jetzt noch gemeinsam ausfüllen.***

Bewertung und Sicherung im off./gel. UG; Ergebnis auf Poster; evtl. M 4 fürs Heft

- ***Welche Ziele haben die Deutschen Fürsten erreicht?***
- ***Welche Ziele hat der Kaiser/bzw. haben die Habsburger erreicht?***
- ***Welche Ziele hat Frankreich erreicht?***
- ***Welche Ziele hat Schweden erreicht?***
- ***Wer profitiert demnach von den Regelungen des Westfälischen Friedens?***

- Schülerantworten
- Reichsfürsten, Schweden und Frankreich

- ***Wer ist daher der große Verlierer?***

- Schülerantworten
- der Kaiser

III. Posterstruktur

Wer profitiert von den Regelungen des Westfälischen Friedens?

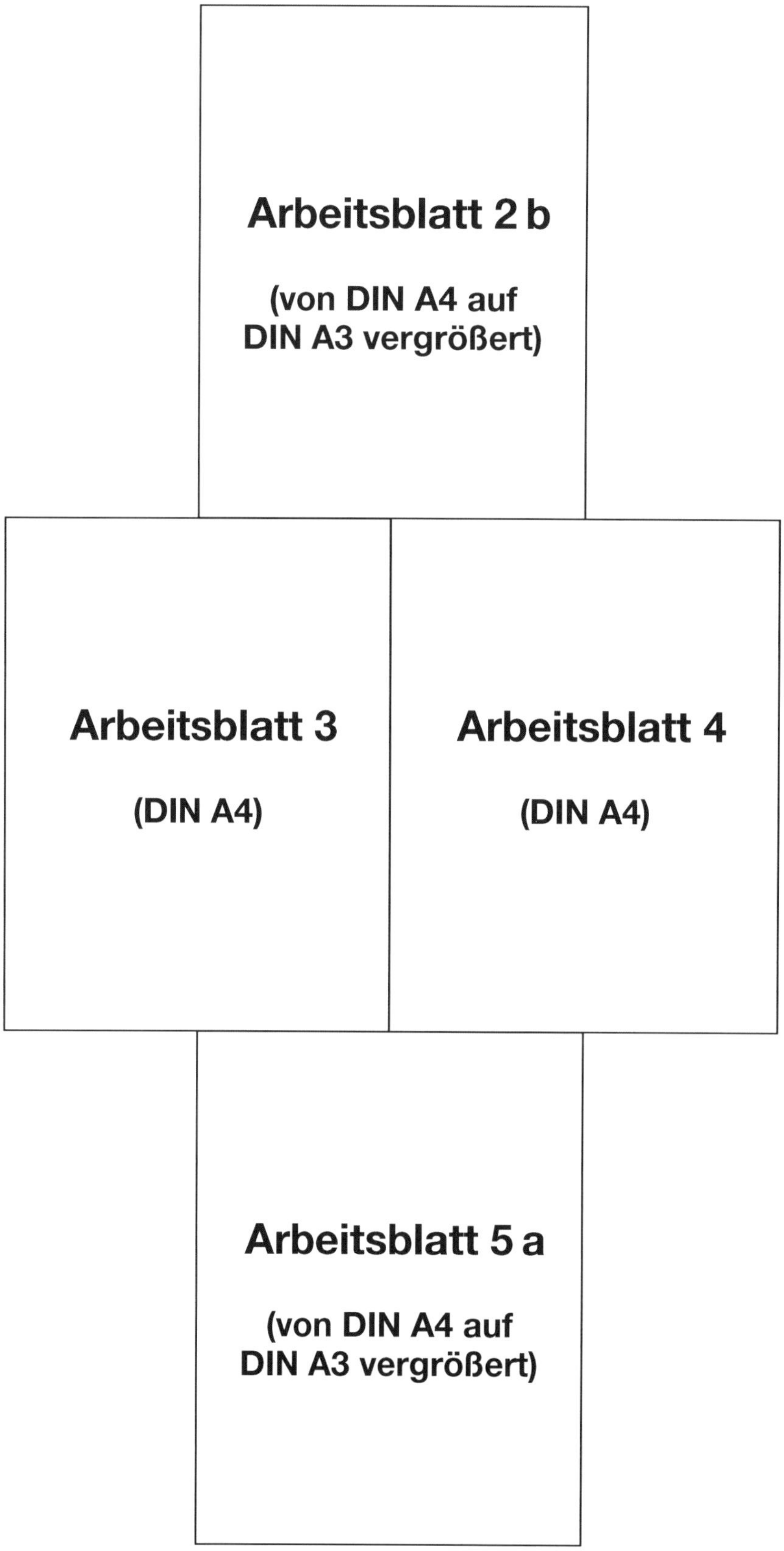

Arbeitsblatt 2 b

(von DIN A4 auf DIN A3 vergrößert)

Arbeitsblatt 3

(DIN A4)

Arbeitsblatt 4

(DIN A4)

Arbeitsblatt 5 a

(von DIN A4 auf DIN A3 vergrößert)

Bildquelle: Friedensreiter (Folie) M 1

Bildquelle: Urkunde Westfälischer Friede (Folie) M 2

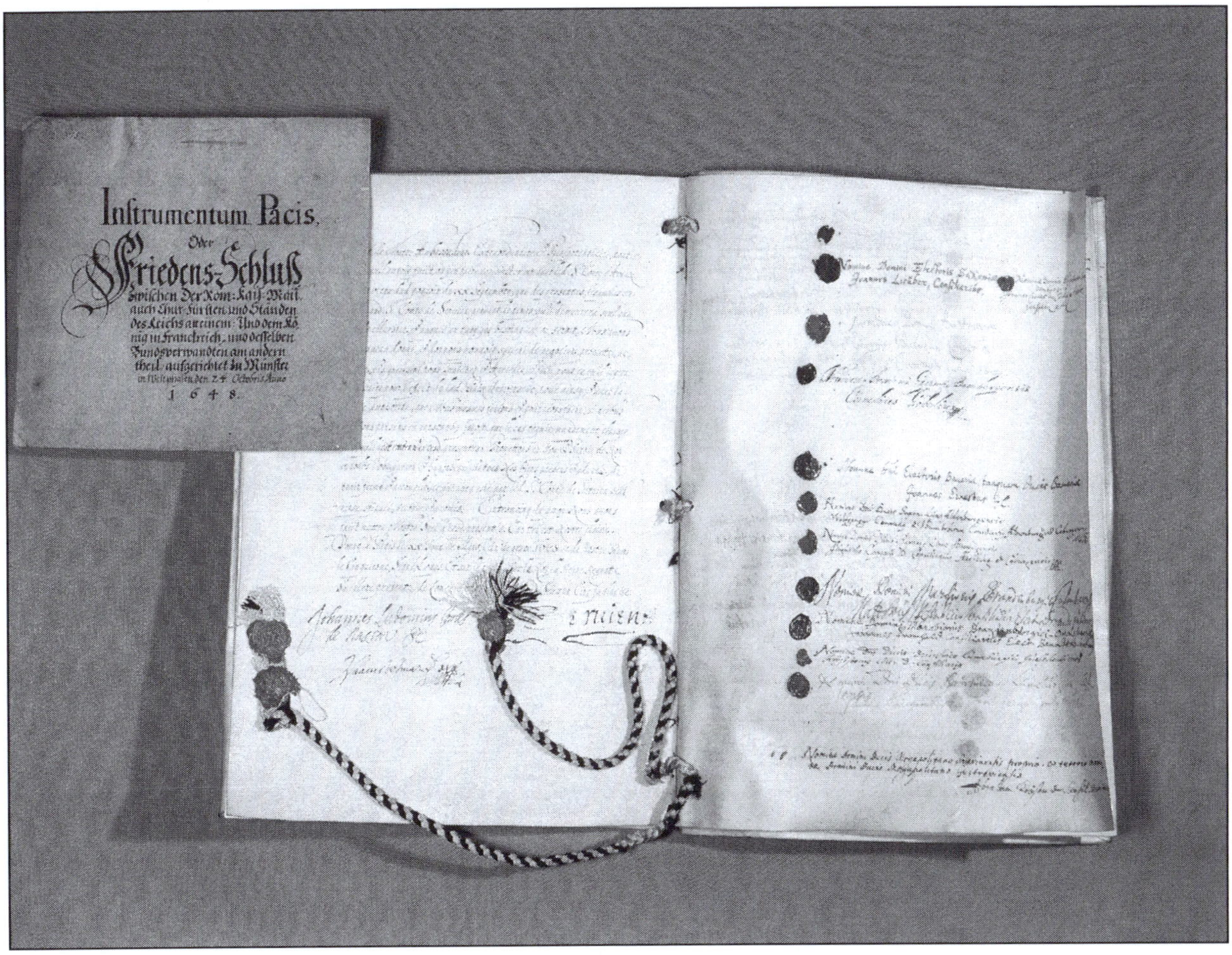

Arbeitsanweisungen (Folie) **M 3**

Thema 1: Gedanken und Aussagen

- **Gruppe 4:**

  Ihr beschäftigt euch mit den Gedanken und Aussagen der Gesandten während der Konferenz. Dazu lest ihr die Textquellen T 1 –T 3 und vergleicht sie mit den Aussagen in den Sprechblasen von T 4. Überlegt dann, zu welchem Gesandten welche Sprechblase gehört. Ihr arbeitet dabei innerhalb eurer Gruppe in Partnerarbeit. Ob ihr richtig liegt, könnt ihr erkennen, wenn die Buchstaben in den einzelnen Sprechblasen ein sinnvolles Lösungswort ergeben. Vergleicht eure Ergebnisse, nehmt dann die ausgeschnittenen Sprechblasen und klebt sie an den vorgesehenen Platz.

Thema 2: Eine Bilanz

- **Gruppe 1:**

  Ihr versucht, mithilfe eures Vorwissens und der vorherigen Hefteinträge die Kriegsziele der beteiligten Mächte vor bzw. während des Dreißigjährigen Krieges zu ermitteln. Ihr arbeitet dabei innerhalb eurer Gruppe in Partnerarbeit. Anschließend vergleicht ihr eure Ergebnisse untereinander und tragt sie schließlich in dieses Schema (Arbeitsblatt 3) unter dem Punkt „Kriegsziele“ ein.

- **Gruppe 2:**

  Ihr beschäftigt euch mit den Quellen T 1 und T 2 (Arbeitsblatt 1) und versucht die neuen Bestimmungen des Westfälischen Friedens in eigene Worte zu fassen. Ihr arbeitet dabei innerhalb eurer Gruppe in Partnerarbeit. Anschließend vergleicht ihr eure Ergebnisse untereinander und tragt sie schließlich in dieses **Schema (Arbeitsblatt 4) unter dem Punkt „Neue Regelung/Bedeutung“ ein**. Die Spalte „Ergebnis“ bleibt leer.

- **Gruppe 3:**

  Ihr beschäftigt euch mit der Karte und der Textquelle T 3. Dabei versucht ihr folgende Fragen zu lösen:
  - Wer bekam Teile Pommerns und das Gebiet zwischen Elbe- und Wesermündung?
  - Wer bekam Holstein und dadurch Sitz und Stimme im Reichstag?
  - Wer bekam Metz, Verdun, Toul und Teile des Elsass'?
  - Wer schied komplett aus dem Reichsgebiet aus?

  Anschließend kennzeichnet ihr diese Gebiete mit unterschiedlichen Farben auf der Karte und legt dazu die passende Legende an. Ihr arbeitet dabei innerhalb eurer Gruppe in Partnerarbeit. Dann vergleicht ihr eure Ergebnisse untereinander und gestaltet eine gemeinsame Karte, die ihr dann ausschneidet und an den vorgesehenen Platz klebt.

Arbeitszeit: 12 Minuten

Textquellen T 1–T 3 — Arbeitsblatt 1

T 1: Textquelle: Die Konfessionsfrage

a)

„Der im Jahre 1555 erfolgte Religionsfriede soll in allen seinen Artikeln für gültig gehalten und gewissenhaft und unverletzlich beobachtet werden (...).
In allen übrigen Dingen aber soll zwischen allen Kurfürsten, Fürsten und Ständen der Religionen genaue und gegenseitige Gleichheit herrschen (...), wobei alle Gewalt und Tätlichkeit auf alle Zeit verboten ist.“

b)

Weitere Regelungen:

- Der Januar 1624 wird in allen Territorien, mit Ausnahmen der kaiserlichen Erblande, zum „Normaljahr“ erklärt: Was damals katholisch war, soll katholisch bleiben, was evangelisch war, evangelisch.
- Die Calvinisten werden in den Religionsfrieden aufgenommen.
- Ein Religionswechsel des Fürsten soll für die Religionszugehörigkeit der Untertanen keine Folgen haben.
- Bei Behandlung von Religionsfragen sollen auf dem Reichstag die Stände nach Konfessionen getrennt zu Beratungen auseinandertreten. Erst die Übereinstimmung beider Beratungskörper soll einem Reichstagsbeschluss Gültigkeit verleihen

T 2: Textquelle: Rechte der Reichsstände

Art. VII

§ 2 Ohne Widerspruch sollen sie [die Fürsten] das Stimmrecht in allen Beratungen über Reichsgeschäfte haben, vornehmlich, wenn Gesetze zu erlassen, Krieg zu beschließen, Steuern auszuschreiben (...) sind.
Vor allem aber soll das Recht, unter sich und mit dem Ausland Bündnisse (...) abzuschließen, den einzelnen Ständen freistehen, jedoch unter der Bedingung, dass dergleichen Bündnisse nicht gegen Kaiser und Reich (...) gerichtet seien.

T 3: Textquelle: Territoriale Bestimmungen

a) Die Pfalz

Art. IV

§ 3 Und zwar soll erstlich (...) die Kurwürde, welche die Kurfürsten von der Pfalz bisher innehatten (...) dem Herzog Maximilian von Bayern verbleiben (...).
§ 5 Was das pfälzische Haus betrifft, so willigen Kaiser und Reich (...) darin, dass (...) eine achte Kurwürde errichtet werden soll, die von nun an Karl Ludwig, Pfalzgraf bei Rhein und seine Erben (...) genießen sollen (...)

b) Mitteleuropa

Klärt mithilfe der Karte folgende Fragen:

- *Wer bekam Teile Pommerns und das Gebiet zwischen Elbe- und Wesermündung?*
- *Wer bekam Holstein und dadurch Sitz und Stimme im Reichstag?*
- *Wer bekam Metz, Verdun, Toul und Teile des Elsass’?*

Textquelle T 4 **Arbeitsblatt 2 a**

T 4: Mögliche Gedanken und Aussagen der Gesandten während der Verhandlungen in Münster und Osnabrück

Wir wollten die unbegrenzte Macht des Kaisers brechen, damit wir endlich die tatsächlichen Herren in unseren Ländern werden. Es gilt weiterhin die Regelung „cuius regio eius religio“.

Fle

Wir wollten unseren protestantischen Glaubensbrüdern beistehen und unsere Macht im Norden Europas sichern und ausbauen. Dies ist uns gelungen und wir haben darüber hinaus noch Teile Pommerns und wichtige Ostseehäfen erhalten.

en

Uns ging es vor allem darum, die habsburgische Umklammerung aufzubrechen und gleichzeitig die Macht des Kaisers in Europa einzuschränken. Dass wir noch einige Gebiete wie Metz, Toul usw. hinzugewonnen haben, ist ein wahrer Erfolg unserer Diplomatie.

Te

Wir werden aus dem Reich ausscheiden und den Weg der Unabhängigkeit beschreiten. Auch wenn es erhebliche Zweifel gibt, ob ein so kleiner Staat im Südwesten des Reiches überleben kann, sind wir zu diesem Schritt wild entschlossen.

ich

Mein oberstes Ziel war die Einheit des Reiches zu sichern. Nun ist es konfessionell und territorial zerstückelt. Ich muss mir selbst eingestehen, dass ich mit meiner Politik gescheitert bin. Ich bin der wahre Verlierer des Dreißigjährigen Krieges.

pp

Auch wir sagen uns vom Reich los und werden unabhängig. Lange haben wir für diese Unabhängigkeit gekämpft und nun wollen wir unsere strategische Position an der Nordseeküste und im Nordwesten des Reiches nutzen, um unsere Handelsbeziehungen weiter auszubauen.

ck

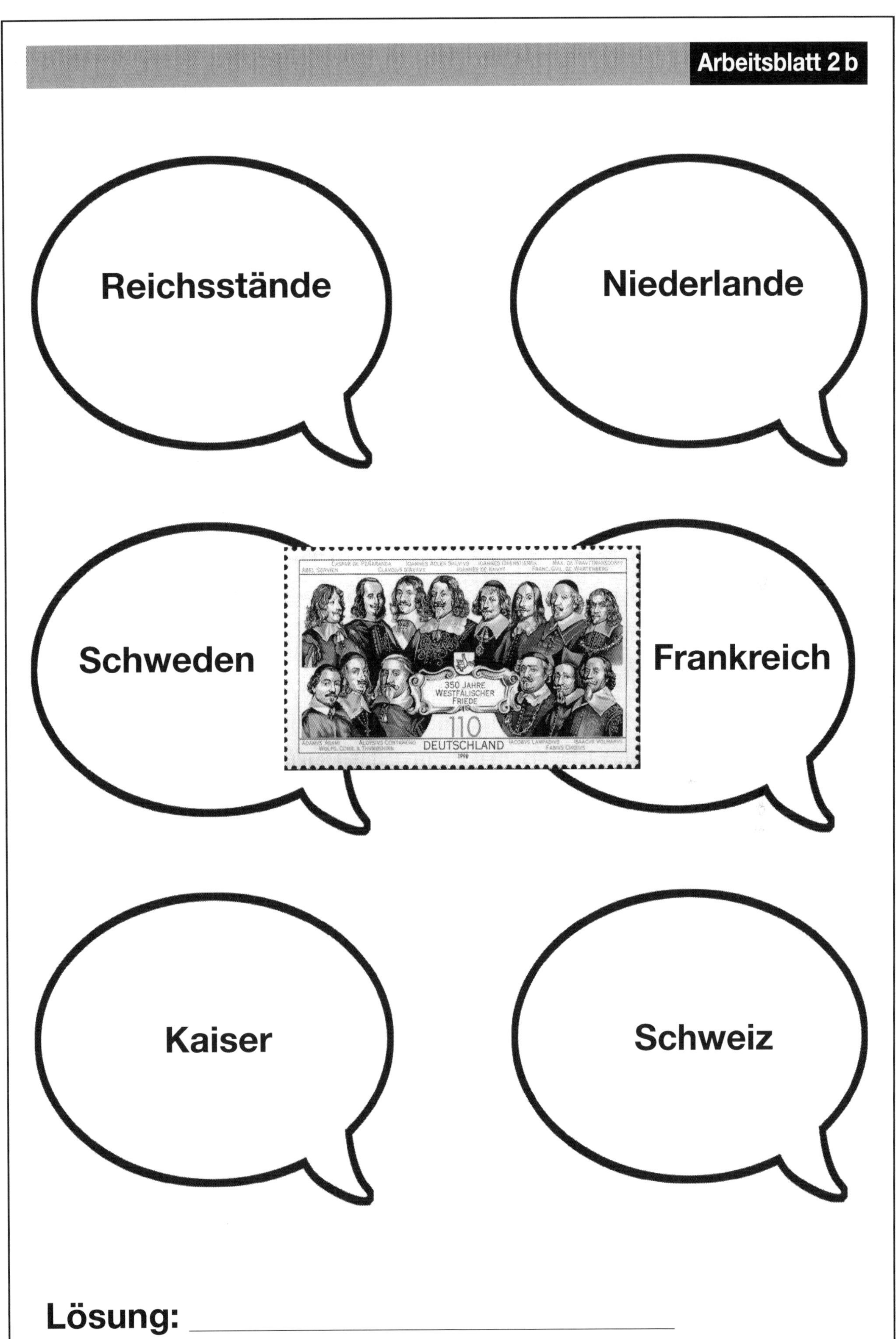
Arbeitsblatt 2 b
Reichsstände
Niederlande
Schweden
350 JAHRE WESTFÄLISCHER FRIEDE
110
DEUTSCHLAND
Frankreich
Kaiser
Schweiz
Lösung: ____________________

Arbeitsblatt 3

Beteiligte Mächte	Kriegsziele
Deutsche Fürsten	
Kaiser Haus Habsburg	
Frankreich	
Schweden	

Arbeitsblatt 4

Ergebnis	Neue Regelung Bedeutung

Karte: Deutschland und Europa nach dem Westfälischen Frieden

Arbeitsblatt 5 a

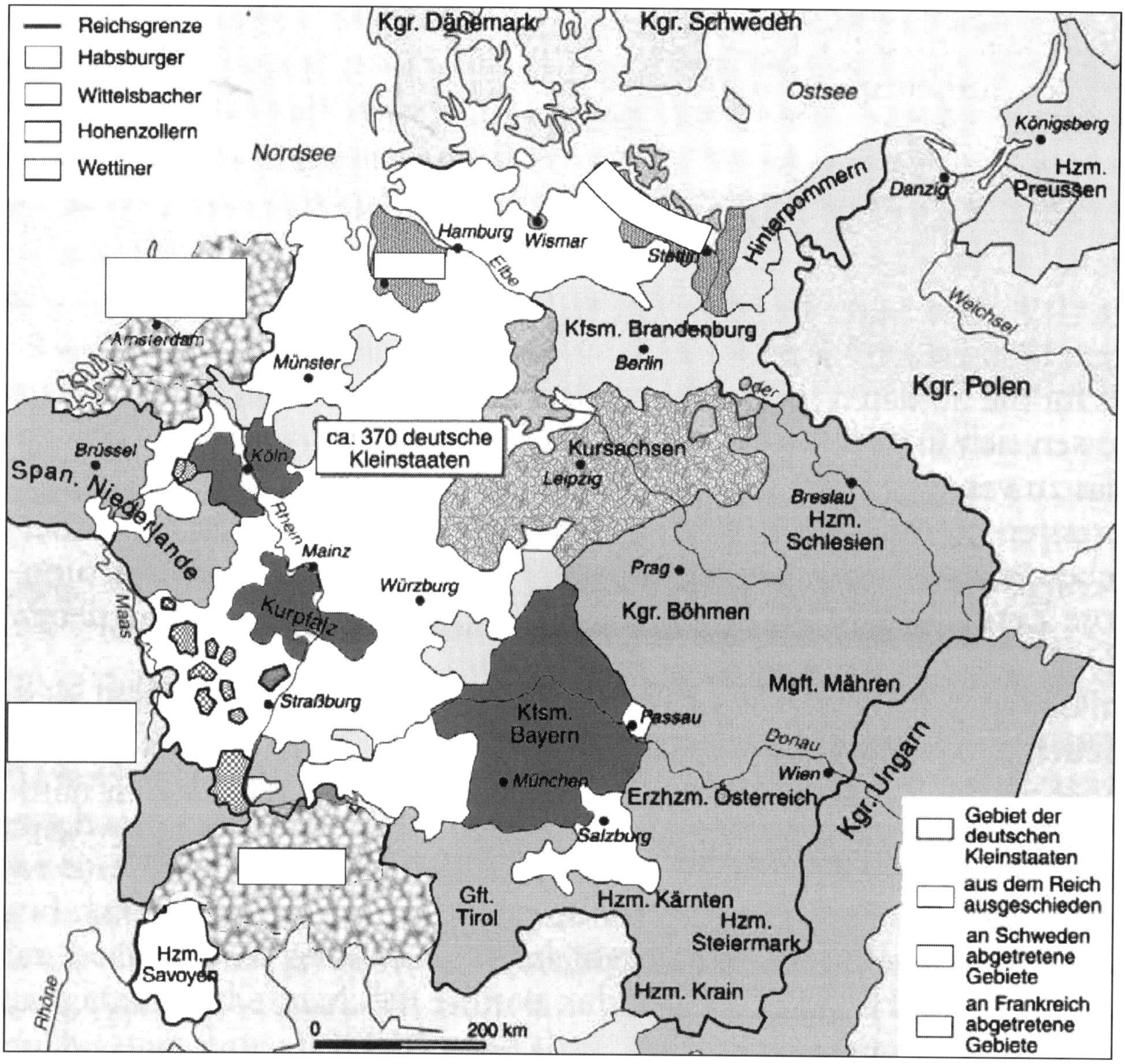

Karte: Deutschland und Europa nach dem Westfälischen Frieden **Arbeitsblatt 5 b**

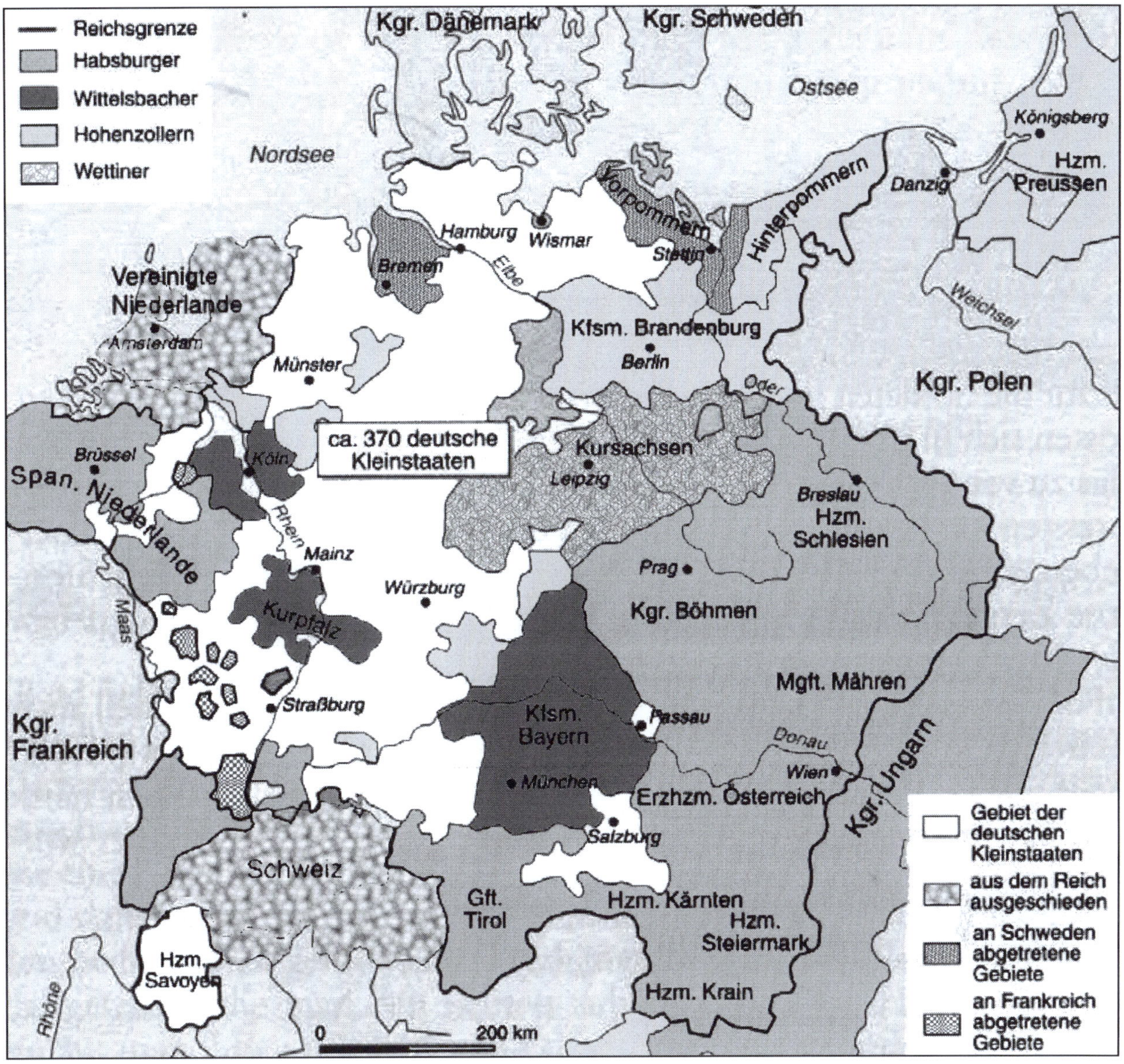

Reichsgrenze
Habsburger
Wittelsbacher
Hohenzollern
Wettiner

Kgr. Dänemark
Kgr. Schweden
Ostsee
Nordsee
Königsberg
Hzm. Preussen
Danzig
Hinterpommern
Vorpommern
Stettin
Hamburg
Wismar
Bremen
Elbe
Weichsel
Vereinigte Niederlande
Amsterdam
Münster
Kfsm. Brandenburg
Berlin
Oder
Kgr. Polen
ca. 370 deutsche Kleinstaaten
Brüssel
Köln
Span. Niederlande
Kursachsen
Leipzig
Breslau
Hzm. Schlesien
Rhein
Mainz
Würzburg
Prag
Kgr. Böhmen
Maas
Kurpfalz
Mgft. Mähren
Straßburg
Kfsm. Bayern
Passau
Donau
Kgr. Frankreich
Wien
München
Erzhzm. Österreich
Kgr. Ungarn
Salzburg
Schweiz
Gft. Tirol
Hzm. Kärnten
Hzm. Steiermark
Hzm. Savoyen
Hzm. Krain
Rhône
0 200 km

Gebiet der deutschen Kleinstaaten
aus dem Reich ausgeschieden
an Schweden abgetretene Gebiete
an Frankreich abgetretene Gebiete

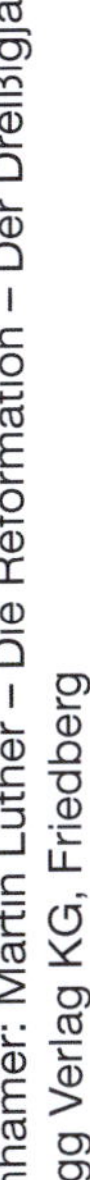

Ergebnisvorschlag/Handout fürs Heft **M 4**

Wer profitiert von den Regelungen des Westfälischen Friedens?

Beteiligte Mächte	Kriegsziel	Ergebnis	Neue Regelung/Bedeutung
Deutsche Fürsten	Sieg ihrer Religion bzw. der Liga/Union	nicht erreicht	Religiöse Gleichberechtigung wie 1555 (Normaljahr 1624)
	Schwächung der kaiserlichen Macht	erreicht	Calvinismus wird anerkannt
Kaiser	Stärkung des katholischen Glaubens	nicht erreicht	Zerfall des Reiches in 300 Einzelstaaten („Fleckenteppich“)
	Stärkung seiner eigenen Macht	nicht erreicht	Einwirkungsmöglichkeiten ausländischer Mächte
Haus Habsburg	Bewahrung der Vormachtstellung in Europa	nicht erreicht	Gebietsverluste
Frankreich	Befreiung von der habsburgischen Umklammerung	erreicht	Gebietsgewinne: Metz, Toul, Verdun, Teile des Elsass’
	Vormachtstellung der Habsburger in Europa brechen	erreicht	
Schweden	Erhalt des protestantischen Glaubens	erreicht	Gebietsgewinne: Teile Pommerns; Gebiet zwischen Elbe und Wesermündung; wichtige Ostseehäfen
	Vormachtstellung an Nord- und Ostsee	erreicht	

12. Lernzirkel: Leben im Zeitalter der Glaubenskrise

I. Fachliche Vororientierung

Station 1 Frühkapitalismus

Das 16. Jahrhundert wird in der Wirtschafts- und Sozialgeschichte häufig als die Zeit des Frühkapitalismus bezeichnet. In dieser Zeit kam es zur Konzentration großer Vermögen in der Hand weniger Großunternehmer, deren berühmteste Vertreter die Augsburger Familie Fugger war. Das angesammelte Kapital wurde von den Großunternehmern zur Finanzierung zusätzlicher Produktionsbereiche wie Bergbau, Verlagswesen oder Fernhandel eingesetzt. Hierbei schoss der Unternehmer einer Gruppe von Handwerkern Löhne und Rohmaterial in größerem Umfang vor und übernahm gleichzeitig den gesamten Vertrieb der Produktion. Zunächst noch auf den heimatlichen Bereich beschränkt, wurde der Handel schon bald über den gesamten Kontinent ausgebreitet und schließlich durch den äußerst ertragreichen Fernhandel erweitert. Das eingenommene Kapital wiederum wurde für den Handel mit Erzen (Gold, Silber, Kupfer und Eisen) verwendet, der einerseits einen hohen Kapitaleinsatz verlangte, andererseits aber durch Monopol gesichert war und daher hohe Gewinne abwarf. Der Erzhandel eröffnete geschäftliche Beziehungen zu den Fürstenhöfen, durch die die Großunternehmer, allen voran die Fugger, zu Finanziers und Großbankiers aufstiegen. So finanzierten etwa die Fugger die Bestechungsgelder, die die Habsburger für die Wahl Karls V. im Jahre 1519 einsetzten. Es kam also zu einer Verquickung von frühkapitalistischem Unternehmertum mit Politik und Kirche, die für die Geschichte und den Verlauf der Reformation sehr bedeutend war.

Station 2 Die Erfindung des Buchdrucks

Im Mittelalter waren die meisten Menschen über die Ereignisse in der Welt in sehr begrenztem Umfang informiert. Von Geistlichen und einigen wenigen Adeligen und Bürgern abgesehen, konnte niemand lesen und schreiben, jedoch nahm ihre Zahl stetig zu. Außerdem wurden Bücher noch mit Federkiel und Tinte auf Pergament geschrieben. Wollte man einen Text vervielfältigen, musste man ihn immer wieder abschreiben. In dieser Situation erfand Johannes Gutenberg (um 1397-1468) die Methode des Buchdrucks, ein Ereignis das oft als die erste Medienrevolution bezeichnet wird. Zunächst wurden für jeden einzelnen Buchstaben sogenannte Patrizen (Prägestempel) hergestellt, die dann in weiches Metal eingeschlagen wurden. Die Matrizen wurden schließlich in verstellbare Gussformen eingeklemmt und schließlich wurden durch einen schmalen Gießkanal die beweglichen Lettern aus Blei gegossen, die man dann zu Wörtern zusammensetzen konnte. So entstanden auf einem Rahmen ganze Zeilen bzw. ganze Seiten. Diese wurden wiederum mit dem Druckerballen eingeschwärzt. Dann wurde das Druckpapier darauf gelegt und alles unter die hölzerne Druckerpresse (eine umgebaute Weinpresse) gebracht. So konnten innerhalb kürzester Zeit tausendfache Abzüge hergestellt werden. Die Zeitersparnis und die Tatsache, dass die einzelnen Lettern wieder zu neuen Texten zusammengesetzt werden konnten, verbilligte die Buchherstellung enorm. Die Verbreitung und der Erfolg der Lehre Luthers wäre ohne die Erfindung des Buchdrucks in der Kürze der Zeit undenkbar gewesen.

Station 3 Rollenspiel: Martin Luther auf dem Wormser Reichstag

Durch einen Aufstand in seinem spanischen Königreich gebunden, konnte sich Karl V. erst Ende 1520 wieder der Innenpolitik des Reiches zuwenden. Auf dem Reichstag zu Worms (Jan.–Mai 1521) wird schließlich der Fall Martin Luther behandelt. Luther wird auf Drängen der Reichsfürsten gegen die Zusicherung des freien Geleits zum Reichstag geladen. Als Luther den Widerruf seiner Lehre ablehnt, verhängt der Kaiser mit dem Wormser Edikt die Reichsacht über ihn.

Station 4 Das Konzil von Trient

Die rasche Ausbreitung der evangelischen Lehre stellte den Bestand der katholischen Kirche infrage. Überzeugte Katholiken bemühten sich daher, die Krise der Kirche zu überwinden und sie von innen heraus zu reformieren. Es wurde jedoch bald klar, dass die Reformbemühungen vieler Einzelner nicht ausreichen würden, vielmehr konnte nur eine Versammlung von führenden Kirchenmännern aus ganz Europa, ein allgemeines Konzil, diese Aufgabe lösen. Nach langem Zögern berief Papst Paul III. 1545 endlich die Konzilsväter nach Trient, das im äußersten Süden des Reiches lag. Den Vorsitz des Konzils führten drei, mit genauen Weisungen aus Rom ausgestattete, päpstliche Gesandte. Die protestantischen Reichsstände zogen auch aufgrund des Übergewichts der italienischen Bischöfe ihre Gesandten zurück und erklärten das Konzil für „unfrei“. Vor allem die Türkengefahr vereitelte einen ruhigen Fortgang des Konzils, sodass es immer wieder unterbrochen werden musste und erst in einer dritten Sitzungsperiode 1563 beendet werden konnte. Alle Kleriker mussten schließlich auf die ausgearbeiteten Beschlüsse den Eid des Gehorsams leisten. Die Beschlüsse enthielten die Lehrdekrete (Dogmen), die alle von der katholischen Kirche abweichenden Lehren als irrig verdammten und gleichzeitig der katholischen Lehre eine deutlichere, verbindlichere Form verliehen. Neben der Heiligen Schrift wurde auch die kirchliche Überlieferung als Grundlage des Glaubens gebilligt. Dem Papst wurde die verbindliche Auslegung der Schrift zugebilligt und neben der Buße wurden auch die guten Werke als Möglichkeiten der Rechtfertigung vor Gott anerkannt. Auch das Festhalten an den sieben Sakramenten wurde beschlossen. Der inneren Erneuerung schließlich dienten die sogenannten Reformdekrete. Hier wurden die Aufgaben und Pflichten sowie die Ausbildung und Ernennung des Klerus genau festgelegt. Die Käuflichkeit und Häufung von kirchlichen Ämtern wurde verboten, sowie die Residenzpflicht, d. h. die Anwesenheit der Bischöfe in ihrer Residenz, beschlossen. Ein letzter Punkt war die Verbesserung und Vereinheitlichung des Schulunterrichts. Mit den Beschlüssen des Trienter Konzils nahmen die alte Kirche und der Papst den Kampf um den „rechten“ Glauben wieder auf. Das Konzil prägte auf lange Zeit das Bild der katholischen Kirche, weshalb die folgende Zeit häufig als „nachtridentinisch“ bezeichnet wird.

Station 5 Glaubenskampf als Bilderkampf

Die Frage um die Erneuerung der Kirche interessierte die Menschen sehr, allerdings konnten die meisten der einfachen Leute weder lesen noch schreiben. Deshalb versuchten die Vertreter der jeweiligen Partei ihre Meinung mit aussagekräftigen Bildern, die oft den Gegner herabsetzten oder verteufelten, unters Volk zu streuen. Die Bildpropaganda in Form von Spottbildern bzw. Karikaturen erlebte in der Zeit der Glaubenskämpfe eine erste Blüte. Flugblätter wurden hier zur Waffe, da sie mithilfe des Buchdrucks in fast beliebiger Menge vervielfältigt und unters Volk gebracht werden konnten. Daher sind Flugblätter auch besonders wichtige und anschauliche Quellen für die Zeit der Glaubenskrise.

Station 6 Karl V. und sein Reich

Die Habsburger hatten durch geschickte Heiratspolitik ein großes Reich aufgebaut. Als Karl V. 1519 zum Kaiser gewählt wurde, beherrschte er mit Spanien, Süditalien und Sizilien, mit den Kolonien jenseits des Atlantiks, mit den Niederlanden, Luxemburg und Burgund ein Weltreich, „in dessen Grenzen die Sonne niemals unterging". Karl strebte danach, sein Reich durch den einheitlichen Glauben aller Untertanen zusammenzuhalten und zu einem einheitlichen Reich zusammenzuschließen. Außerdem sah er sich als weltliches Oberhaupt der gesamten Christenheit. Der Kampf um die Vorherrschaft in Europa führte immer wieder zu Kriegen gegen Frankreich, das die Umklammerung durch die Habsburger aufbrechen wollte. Die Türken wiederum wollten über die Balkangebiete nach Mitteleuropa vorstoßen. So verbündeten sich zeitweise die beiden doch religiös so unterschiedlich geprägten Mächte gegen den Kaiser.
Für seine Kriege benötigte Karl V. aber die Unterstützung der deutschen Fürsten, weshalb er ihnen gegenüber immer wieder Zugeständnisse machen musste. Diese Schwäche begünstigte die Ausbreitung der evangelischen Konfession. Den Schmalkaldischen Krieg gewann Karl V. zwar gegen die protestantischen Fürsten, doch nun befürchteten auch die katholischen Reichsfürsten eine zu große Machtfülle des Kaisers. Die evangelischen Reichsfürsten verbündeten sich mit Frankreich und so sah sich der Kaiser zur Flucht nach Villach gezwungen. Resigniert legte er 1556 die Herrschaft nieder und zog sich nach Spanien zurück.

Station 7 Wallenstein – ein Kriegsunternehmer

Die Heere der damaligen Zeit bestanden aus Söldnern, die als Berufssoldaten aus allen Ländern Europas zusammenströmten, wenn irgendwo Krieg herrschte. Sie boten ihre Dienste dem General an, der am besten und vor allem regelmäßig zahlte.
Der erfolgreichste Kriegsunternehmer dieser Zeit war der kaiserliche General Albrecht von Wallenstein. Da der Kaiser das von Wallenstein aufgestellte 150 000 Mann starke Heer nicht bezahlen konnte, wurden die Soldaten auf das Land verteilt und die Kosten der Bevölkerung auferlegt. Die Bürger einer besetzten Stadt mussten daher den Soldaten Quartier geben, sie verköstigen und ihren Sold bezahlen. Im Gegenzug schützte Wallenstein die Bewohner vor Gewalttaten, in dem er plündernde Soldaten sofort aufhängen ließ und allgemein auf Disziplin in seinem Heer achtete.
Nach Beendigung des böhmischen Feldzuges erwarb Wallenstein den Besitz vieler hingerichteter und geflohener böhmischer Adeliger billig und zahlte für die eingezogenen Güter 3,3 Millionen Gulden an die kaiserliche Kasse. Einen Teil dieser Erwerbungen schloss er als „Herzog von Friedland" zu einem abgerundeten Herrschaftsbesitz zusammen und entwickelte diesen zu einem einträglichen Musterstaat. Er versuchte, alles im Lande selbst zu produzieren und aus seinen Ländereien die Dinge, die für die Kriegsrüstung notwendig waren, zu beziehen. Aus den Gewinnen stellte er dem Kaiser Vorschüsse für die Kriegsführung zur Verfügung und warb seit 1625 erneut große Heere an. Als „Generalissimus" erhielt er den Oberbefehl über alle kaiserlichen Truppen und wurde zum größten Feldherrn seiner Zeit. 1628 noch vom Kaiser mit dem Fürstentum Mecklenburg belehnt, erzwang Maximilian von Bayern 1630 Wallensteins Entlassung, da sich die Reichsfürsten durch seine beinahe königliche Macht bedroht sahen. 1632 wurde er dann erneut Oberbefehlshaber der kaiserlichen Truppen mit unbegrenzten Vollmachten. Doch bald tauchte der Vorwurf auf, er hätte aus Eigeninitiative Beziehungen zu den Gegnern aufgenommen. Deshalb entließ ihn der Kaiser erneut, er wurde geächtet und auf kaiserlichen Befehl hin in seinem Schloss in Eger ermordet.

Station 8 | Die Schrecken des Dreißigjährigen Krieges

Schätzungen zufolge lebten in den Grenzen des Deutschen Reiches im Jahr 1618 an die 18 Millionen Menschen. Am Ende des Dreißigjährigen Krieges war die Einwohnerzahl des Reiches um 5 bis 6 Millionen Menschen zurückgegangen. Manche Gebiete des Deutschen Reiches wiesen einen Bevölkerungsverlust von über 66 Prozent auf.
Die Feldherrn und ihre Soldaten schlugen die Schlachten des großen Krieges, der Bevölkerung in Stadt und Land blieb das große Elend. In den abgebrannten Städten breiteten sich Hunger und Seuchen ungebremst aus, die niedergetretenen Felder blieben unbestellt und auf der Flucht vor plündernden Soldaten fanden viele Menschen den Tod. Die Überlebenden flüchteten immer wieder aufs Neue vor Überfällen, Vergewaltigungen und Tod.
Die Soldaten des großen Krieges gehörten keiner beständigen Armee an, sondern wechselten je nach Bezahlung ihren Kriegsherrn und die Konfession, für die sie kämpften. Für die Kriegsherren selbst war der Krieg ein Geschäft, da sie Regimenter auf eigene Kosten anwarben und für deren Ausrüstung, Sold und Verpflegung aufkamen. Dafür hielten sie sich an den Bürgern schadlos, indem sie ihre Söldner bei ihnen einquartierten und Kriegsgelder und Beute jeglicher Art eintrieben. Nur gegen einen hohen Betrag konnte sich eine Stadt von der gefürchteten Einquartierung loskaufen. Somit ernährte der Krieg den Krieg.

II. Methodische Hinweise

Der Lernzirkel „Das Leben im Zeitalter der Glaubenskrise“ bietet eine Vielzahl von Gestaltungs- und Ausführungsmöglichkeiten. Zunächst wäre es sinnvoll, sämtliche Materialien mindestens zweifach zu kopieren. Der besseren Übersichtlichkeit und Handhabbarkeit wegen bietet es sich außerdem an, die einzelnen Stationen auf unterschiedlich farbiges Papier zu kopieren und anschließend das gesamte Material zu laminieren. Nur so ist eine häufige Wiederverwertbarkeit gewährleistet.

Zur Handhabung des Lernzirkels möchte ich nachfolgend einige Möglichkeiten aufzeigen:

- Möchte man den **Zeitaufwand** deutlich **beschränken**, nennt man den Schülerinnen und Schülern eine konkrete Anzahl von Stationen, die sie innerhalb von „x“ Unterrichtsstunden bewältigen müssen.

- **Bei höherem Zeitbudget** weist man die Schüler darauf hin, dass sie nach „x“ Stunden sämtliche Stationen bearbeitet haben sollten. Hier ist es nur wichtig, dass immer *mindestens eine Station als Puffer* bereitgehalten wird, falls eine Gruppe ihre Arbeit an einer Station vor allen anderen Gruppen beendet haben sollte.

- Eine Auswertung der Ergebnisse kann durch eine **Präsentation vor der Klasse** erfolgen. Hierzu kann man jeder Gruppe eine Station zuordnen, zu der sie ihre Ergebnisse vorstellen muss.

- Man kann den Lernzirkel auch zu einem **Projekt** ausweiten, indem man die Schüler über die besten Entwürfe zu den einzelnen Stationen entscheiden und diese dann zu einer Art **Zeitung** binden lässt und schließlich für den Rest der Klasse vervielfältigt. Denkbar wäre jedoch auch, je nach Gruppe, unterschiedliche Zeitungen anzufertigen.

- Eine weitere Möglichkeit bietet die Methode der **Stamm- und Expertengruppen**. Nach der Erarbeitung einer Station gelten sämtliche Mitglieder der Gruppe als Stamm. Nun werden jedoch aus der Gruppe einzelne Mitglieder zu den anderen Stationen geschickt, mit dem Auftrag, sich dort über deren Arbeit und Ergebnisse zu informieren. Damit wird dieser „Gesandte“ der Experte, der nun in einem zweiten Schritt die Mitglieder seiner Gruppe über die neu gewonnenen Erkenntnisse informiert. Bei dieser Methode kann eine allgemeine Präsentation der Ergebnisse entfallen, allerdings ist von der Lehrkraft auf entsprechende Ernsthaftigkeit zu achten.

Station 1 | **Frühkapitalismus**

I. Aufgabe

Stellt euch vor, ihr seid aus einem kleinen Dorf in die für die damaligen Verhältnisse große Stadt Augsburg gegangen, weil ihr dort für die sehr reiche Unternehmerfamilie der Fugger arbeiten möchtet. Um für euer Bewerbungsgespräch gut vorbereitet zu sein, hört ihr euch in der Stadt sehr genau um und versucht herauszufinden, was den Erfolg der Fugger ausmacht und welche Tätigkeiten die Fugger ausführen. Ein Freund kommt euch nach einigen Tagen besuchen, denn auch er überlegt, bei den Fuggern eine Stelle anzutreten. Ihr erzählt ihm abends im Gasthaus, was ihr herausgefunden habt und erklärt ihm, warum es für ihn gut wäre, für die Fugger zu arbeiten. Schreibt dieses Gespräch auf.

II. Materialien

Information 1: Die Fugger als „Verleger"

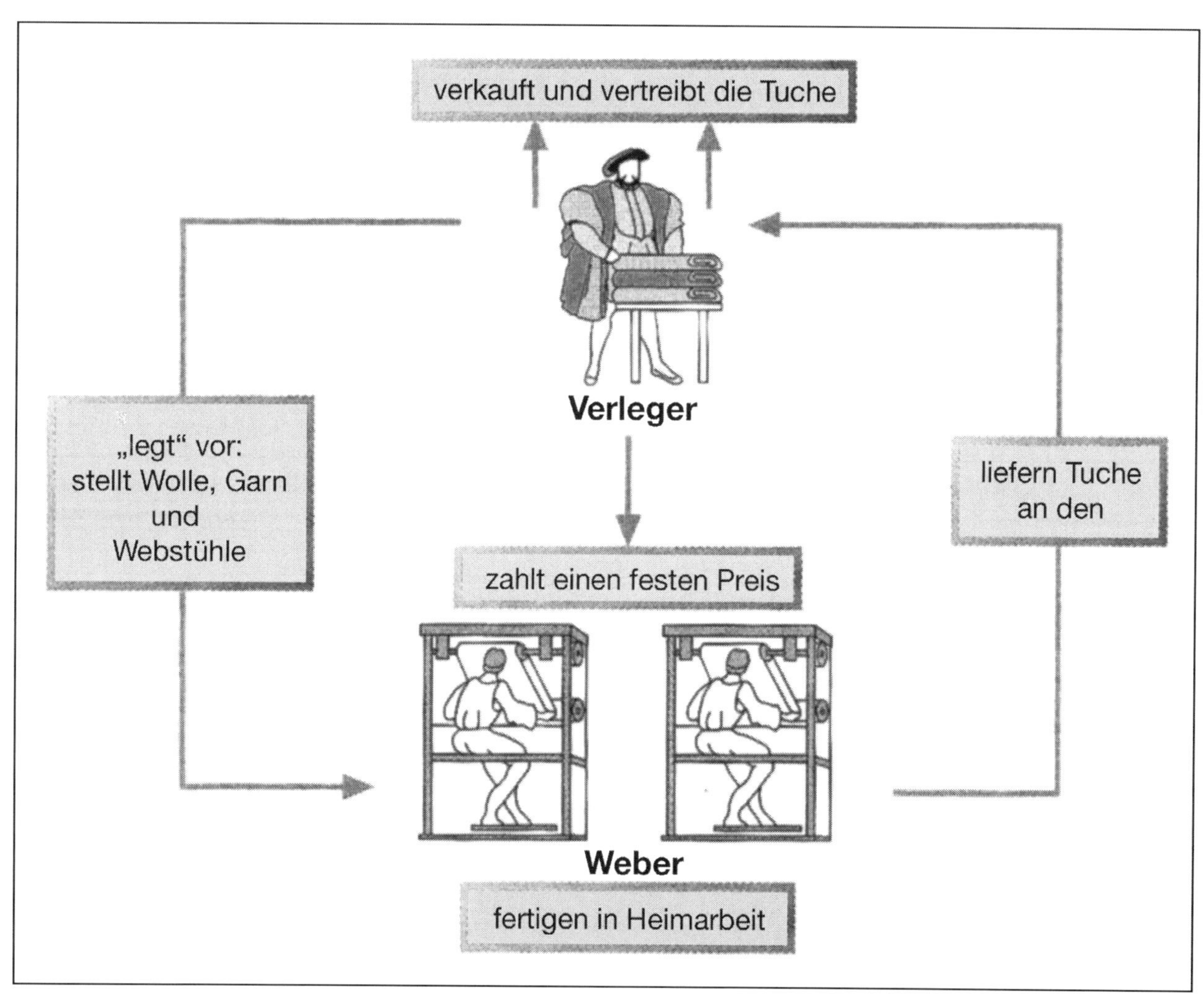

Station 1 | Frühkapitalismus

Information 2: Die Handelsbeziehungen der Fugger

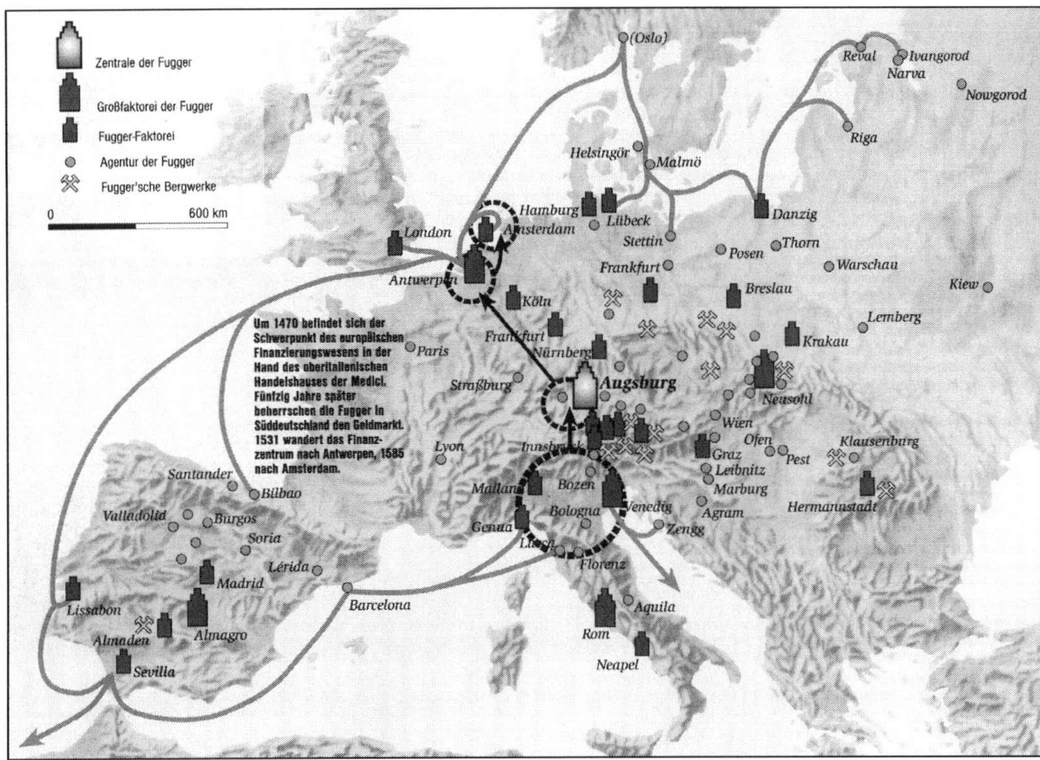

Information 3:

In den Städten war man davon abgekommen, Waren zu tauschen. Nun verkaufte man seine Waren gegen Münzgeld aus Gold, Silber oder Kupfer. Allerdings waren die Münzen von sehr unterschiedlichem Gewicht und Wert, da jeder Landesherr seine eigenen Münzen prägen ließ. Aus Italien kam eine Entwicklung nach Deutschland, die den Beginn des Bankenwesens einläutete. Auf Märkten und Messen wurden Bänke aufgestellt, wo die Kaufleute ihre verschiedenen Münzen eintauschen oder gegen Bescheinigungen, sogenannte Wechsel, ihr Geld in Verwahrung geben konnten. Diese Wechsel wiederum konnte man bei jeder anderen „Bank“ gegen Geld eintauschen, sodass Händler gerade im Ausland nicht immer so viel Geld mit sich herumschleppen mussten. Auch die Fugger stiegen allmählich in das Bankgeschäft ein und waren darin sehr erfolgreich, wie du folgender Quelle entnehmen kannst:

> ***Jakob Fugger an Karl V. im Jahr 1523:***
>
> *„Es ist auch bekannt, dass Eure Kaiserliche Majestät (Karl V.) die Römische Krone ohne meine Hilfe nicht hätte erlangen können (die Fugger hatten den Kurfürsten bei der Wahl Bestechungsgelder in Höhe von 543 585 Gulden[1] gezahlt). So habe ich auch hierin auf meinen eigenen Nutzen nicht gesehen. Denn wenn ich hätte vom Hause Habsburg abstehen und Frankreich (Gegenkandidat) fördern wollen, so hätte ich viel Geld und Gut verlangt, wie mir solches angeboten worden ist.“*

1 Ein Pferd kostete damals 18 Gulden

Station 1 | Frühkapitalismus

Information 4: Kaiserlicher Schutz

1522/23 beschloss der Reichstag, Monopole zu verhindern und Handelsgesellschaften mit einem Wert von über 50 000 Gulden aufzulösen. Kaiser Karl V. schrieb daraufhin an seinen Verwalter:

„Nun sind wir der Meinung, dass im heiligen Reich kein Monopolhandel betrieben werden soll und dass unziemliche, verbotene Einkaufs- und Verkaufspraktiken abgestellt werden sollen. Dennoch können wir zurzeit aus bestimmten Gründen nicht dulden, dass gegen die genannten Kaufleute (die Fugger[2]) in der geschilderten Weise vorgegangen und gegen sie ein Gerichtsverfahren eröffnet wird.

Deshalb befehlen wir dir, dass du gegen die genannten Kaufleute bis auf einen weiteren Befehl nichts unternimmst."

Information 5: Die Fuggerei in Augsburg

Blick in die Fuggerei in Augsburg

Jakob Fugger

Die Fugger ließen 1519–21 die Fuggerei bauen, die als Reihenhaussiedlung und Stadt für sich unbescholtenen, verarmten Augsburger Bürgern eine Unterkunft gab. In den 67 kleinen Häusern mit insgesamt 147 Wohnungen leben bis heute alte und bedürftige katholische Bürger gegen eine ***Jahresmiete*** *von einem Gulden (0,88 Euro). Die Bewohner haben lediglich die Pflicht, in der zugehörigen Kirche täglich für das Seelenheil des Stifters und seiner Familie zu beten.*

2 Die Fugger besaßen sehr lange das Monopol (alleiniges Verkaufsrecht) auf dem europäischen Kupfermarkt

Station 2	Die Erfindung des Buchdrucks

I. Aufgabe

Ihr seid interessierte, junge Kaufleute und habt viel von der Erfindung des Buchdrucks gehört. Deshalb besucht ihr eine Druckerei und versucht, das Verfahren des Buchdrucks und seine Auswirkungen zu verstehen.
Anschließend schreibt ihr eine Gebrauchsanweisung für den Buchdruck, in deren Einleitung ihr die revolutionären Vorteile des neuen Verfahrens anpreist.

II. Materialien

Information 1: Das Verfahren des Vervielfältigens eines Buches bis ins 15. Jh.

Ein Mönch kopiert in seiner Schreibstube ein Buch (13. Jh.)

Station 2 | Die Erfindung des Buchdrucks

Information 2: Buchdruck nach Gutenberg

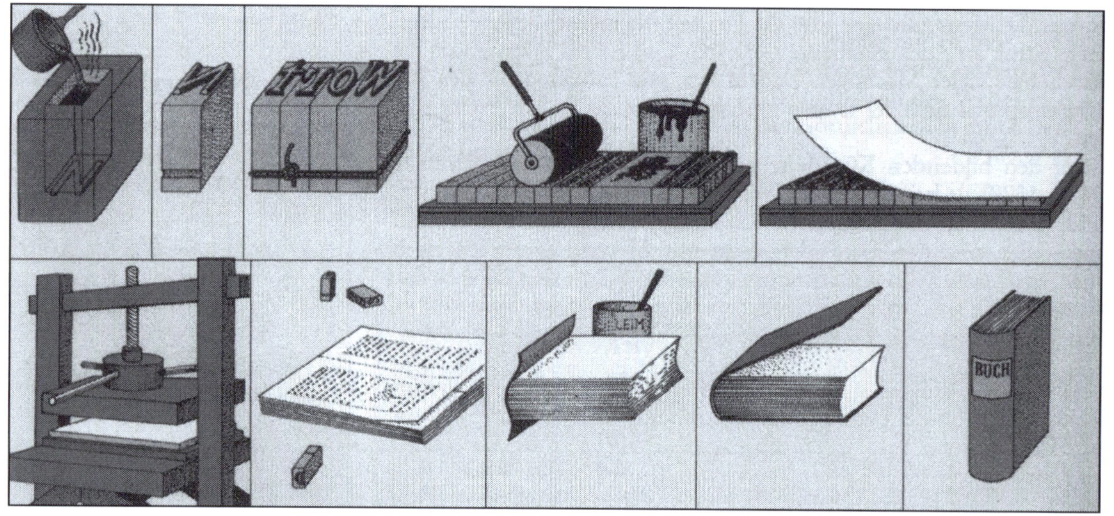

Das Verfahren des Johannes Gutenberg im Schema: Ein Buch entsteht vom Gießen der Buchstaben bis hin zur Bindung des fertigen Buches.

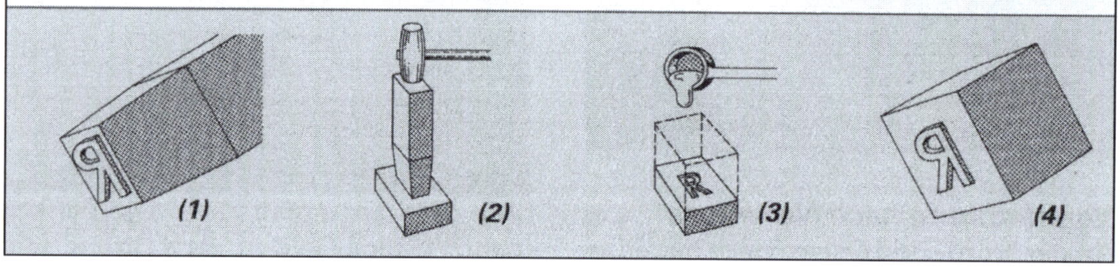

(1) *(2)* *(3)* *(4)*

Station 2 | Die Erfindung des Buchdrucks

Information 3: Produktion deutschsprachiger Bücher in Deutschland

Jahr	Bücher
1517	40
1519	111
1520	211
1521	347
1525	498
1991	67 890
2000	über 80 000

Information 4: Der Abt des Klosters Hirsau schrieb über das Jahr 1450

„In dieser Zeit wurde in Mainz jene wunderbare und früher unerhörte Kunst, Bücher mittels Buchstaben zusammenzusetzen und zu drucken, durch Johannes Gutenberg (...) erfunden. (...) Auf keine Erfindung der Geistesfrucht können wir Deutsche so stolz sein wie auf die des Buchdrucks, die uns zu neuen Trägern der Lehren des Christentums, aller göttlichen und irdischen Wissenschaft und dadurch zu Wohltätern der ganzen Menschheit erhoben hat. Welch ein anderes Leben regt sich jetzt in allen Klassen des Volkes (...).“

Station 2 | Die Erfindung des Buchdrucks

Information 5: Gutenberg und der erste „Bestseller"; die sogenannte Gutenbergbibel

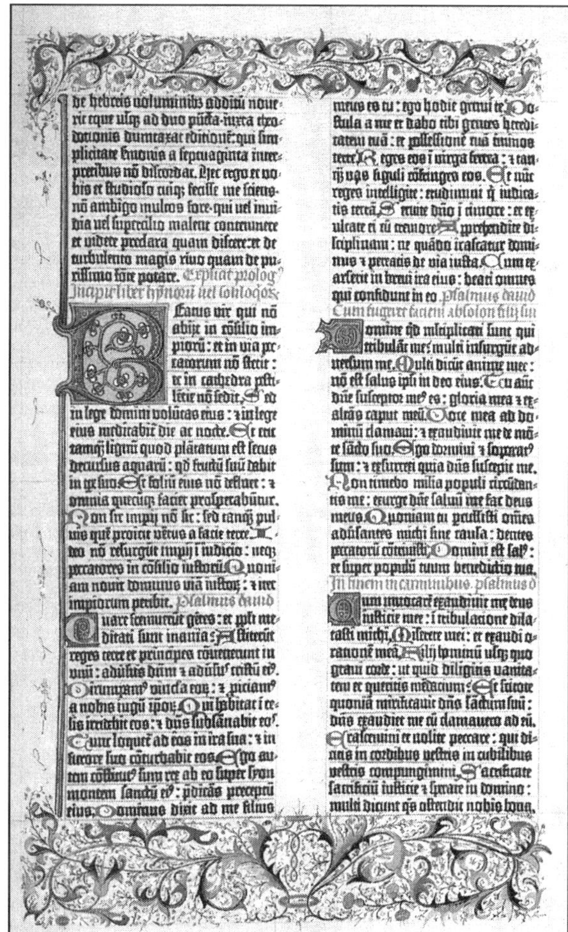

Information 6: Ein katholischer Historiker berichtet 60 Jahre nach dem Erscheinen von der Wirkung der Lutherbibel

„Luthers Neues Testament wurde durch die Buchdrucker dermaßen gemehrt und in so großer Anzahl ausgesprengt, also dass auch Schneider und Schuster (...) dies neue lutherische Evangelium angenommen haben. Wenn sie auch nur ein wenig Deutsch auf einem Pfefferkuchen lesen gelernt hatten, lasen sie es gleich wie einen Brunnen der Weisheit. Etliche trugen dasselbe mit sich im Busen herum und lernten es auswendig (...)."

Station 3 | **Rollenspiel – Martin Luther auf dem Wormser Reichstag**

I. Aufgabe

Entwerft ein Rollenspiel zu den Ereignissen auf dem Reichstag zu Worms. Besetzt dazu die Rolle des Kaisers, die Rolle Martin Luthers und legt auch das Verhalten einiger Kurfürsten (Anhänger und Gegner der Lehre Luthers) fest. Arbeitet bei der Entwicklung des Drehbuches möglichst genau und gebt Hinweise zur Örtlichkeit selbst, zur Körpersprache, Gestik und Mimik der Beteiligten. Überlegt euch auch spontane Reaktionen der Kurfürsten auf die Aussagen Luthers. Beachtet auch folgende Punkte:

- Wer bildet das Gericht?
- Wer klagt an?
- Wie lautet die Anklage?

Vergesst nicht, die Ankunft Luthers und seinen Empfang auf dem Reichstag sowie seine Abreise zu beschreiben.

II. Materialien

Quelle 1: Luthers Auftreten in Worms (Gemälde von Anton von Werner aus dem 19. Jh.)

Station 3 | Rollenspiel – Martin Luther auf dem Wormser Reichstag

Quelle 2: Luther, der zum Widerruf seiner Schriften aufgefordert worden war, sagte Folgendes:

„Weil Eure geheiligte Majestät und Eure Herrlichkeit es verlangen, so will ich eine schlichte Antwort geben, die weder Hörner noch Zähne hat. Sofern ich nicht durch das Zeugnis der Heiligen Schrift oder vernünftige Gründe überwunden werde – denn weder dem Papst noch den Konzilien allein vermag ich zu glauben, da es feststeht, dass sie wiederholt geirrt und sich selbst widersprochen haben –, so bin ich gebunden durch die Texte, auf die ich mich gestützt, und ist mein Gewissen in Gottes Wort gefangen. Darum kann und will ich nichts widerrufen, weil gegen das Gewissen zu handeln gefährlich ist. Gott helf mir! Amen!“

Quelle 3: Luthers Aussage auf den Versuch hin, ihn im privaten Gespräch umzustimmen:

„Ich bin der geringste in dieser Sache, andere sind weit größer und gelehrter. Ich predige und lese öffentlich über den Psalter. Das ist freilich sehr wenig, was ich tue. Deshalb wäre es vergeblich, auch wenn ich lange und oft widerriefe, denn andere, die viel mehr als ich und gelehrter sind, würden nicht schweigen, sie würden die Sache nichtsdestoweniger fortführen.“

Quelle 4: Am Tag nach dem Verhör verlas der Kaiser vor den deutschen Fürsten eine persönliche Erklärung:

„Meine Vorfahren haben die heilige katholische Religion hinterlassen, damit ich in ihr lebe und sterbe (…). Deshalb bin ich entschlossen, alles zu halten, was meine Vorgänger und ich bis zum gegenwärtigen Augenblick gehalten haben (…). Denn es ist sicher, dass ein einzelner Bruder in seiner Meinung irrt, wenn diese gegen die ganze Christenheit, wie sie seit mehr als tausend Jahren und heute gelehrt wird, steht, denn sonst hätte ja die ganze Christenheit heute und immer geirrt (…).

Es reut mich, dass ich es so lange aufgeschoben habe, gegen Luther und seine falsche Lehre vorzugehen. Ich bin entschlossen, ihn nicht weiter anzuhören, sondern ich will, dass er unverzüglich nach Hause geschickt werde. Das freie Geleit soll ihm, wie zugesagt, gehalten werden, aber er soll nicht predigen noch seine böse Lehre dem Volk vortragen.“

Station 3 | Rollenspiel – Martin Luther auf dem Wormser Reichstag

Quelle 5: Das Wormser Edikt:

„Wir erklären den Martin Luther als ein von Gottes Kirche abgetrenntes Glied und als einen offenbaren Ketzer (...). Wir gebieten euch allen (...), dass ihr den Martin Luther nicht hauset, nährt, tränket und erhaltet, noch ihm mit Worten und Werken heimlich oder öffentlich helfet, sondern wo ihr ihn treffet, ihn fanget und ihn uns wohlbewahrt zusendet (...). Gegen seine Anhänger und Gönner sollt ihr so handeln: Ihr sollt sie niederwerfen und fangen und ihre Güter beschlagnahmen und sie zu eurem eigenen Nutzen behalten, es sei denn, dass sie diesen ungerechten Weg verlassen und die Verzeihung des Papstes erlangen (...).
Damit die hochberühmte Kunst der Druckerei nur in guten und löblichen Sachen geübt werde (...) gebieten wir, dass hinfort kein Buchdrucker Bücher oder andere Schriften, in denen etwas über den Glauben gehandelt wird, ohne Wissen und Willen der geistlichen Oberen drucke."

Station 4 | Das Konzil von Trient

I. Aufgaben

Papst Paul III. berief 1545 eine Versammlung aller führenden Kirchenmänner, ein sogenanntes Konzil in die südlichste Stadt des Reiches nach Trient ein. Ziel dieser Versammlung war es, eine Reform der katholischen Kirche einzuleiten und gleichzeitig die Ausbreitung der protestantischen Lehre einzudämmen. Die deutschen Protestanten nahmen daher am Konzil von Trient nicht teil.

Lest die Quellen und Texte aufmerksam durch und betrachtet das beiliegende Bild. Eure Aufgabe ist es nun, aus Sicht eines Reporters vom Konzil in Trient zu berichten und einen Zeitungsartikel anzufertigen. Dabei solltet ihr versuchen, den Lesern die dort gefällten Beschlüsse nahezubringen. Ihr solltet dabei kurz auf die ursprünglichen Missstände innerhalb der (katholischen) Kirche eingehen und deren Beseitigung durch die Beschlüsse von Trient erklären. Strukturiert euren Artikel nach folgenden Bereichen: Stellung des Papstes, Reform der Kirche, Glaubenslehre.

II. Materialien

Bildquelle: Das Konzil von Trient

(Die Teilnehmer des Konzils sind in einem Halbkreis versammelt; auf der erhöhten Bankreihe sitzen die Vertreter des Papstes)

Auernhamer: Martin Luther – Die Reformation – Der Dreißigjährige Krieg · Best.-Nr. 384
© Brigg Verlag KG, Friedberg

Station 4 | Das Konzil von Trient

Textquelle 1: Ansprache des Kardinals Pole zur Eröffnung des Konzils

„Jeder möge sich am Beginn vor Augen halten, was von diesem heiligen Konzil erwartet wird, woraus er dann erkennen mag, welch große Aufgabe auf ihm liegt. Es werden, um es kurz und bündig zu sagen, für das Konzil folgende Aufgaben genannt: die Ausrottung der kirchlichen Irrlehren, die Reform der kirchlichen Disziplin und Sitte, schließlich der ewige Friede der ganzen Kirche."

Textquelle 2: Auszug aus den Konzilsbeschlüssen

1. Der Papst ist Nachfolger des Apostels Petrus und berufen, die Kirche zu leiten.
2. Quelle des Glaubens ist die Bibel und auch die Überlieferung der Kirche. Niemand darf selbst die Heilige Schrift deuten.
3. Schriften, die gegen den Glauben sprechen, werden in einem Verzeichnis (Index) gesammelt und verboten, um die Gläubigen vor Irrlehren zu schützen.
4. Glaube, gute Werke und Teilnahme an den Sakramenten tragen zur Vergebung der Sünden bei. Die Vergebung der Sünden kann nicht mit Geld erkauft werden.
5. Die von Gott eingesetzten Priester haben die Vollmacht, Christi Leib und Blut zu verwandeln und die Sünden zu vergeben.
6. Die Lebensführung der Geistlichen muss sich nach dem Evangelium ausrichten.
7. Bischöfe werden vom Papst ernannt. Die Bischöfe verwalten ihre Diözese selbstständig, jeder Bischof muss in seiner Diözese wohnen.
8. Die Bischöfe sorgen für eine gründliche Ausbildung der Priester und überwachen die Pfarreien.
9. Den Beschlüssen des Konzils verleiht der Papst durch seine Bestätigung Gültigkeit.

Station 5 | Glaubenskampf als Bilderkampf

I. Aufgabe

Analysiert unten stehendes Flugblatt mithilfe der Begriffe aus Information 2. Tragt anschließend die Begriffe in die entsprechenden Zeilen ein. Entwerft nun ein eigenes Flugblatt zu einem der beiden Themen:

a) Dreißigjähriger Krieg
b) Augsburger Religionsfriede

II. Materialien

Information 1:

Flugblätter nennt man unters Volk gebrachte Druckseiten, weil sich ihre Aussage wie im Flug verbreitet. Mithilfe von Flugblättern versuchten die Vertreter der jeweiligen Konfession ihre Meinung mit aussagekräftigen, drastischen Bildern, die oft den Gegner herabsetzten oder verteufelten, unters Volk zu streuen. Die Bildpropaganda in Form von Spottbildern bzw. Karikaturen erlebte in der Zeit der Glaubenskämpfe eine erste Blüte. Flugblätter wurden somit zur Waffe, da sie mithilfe des Buchdrucks in fast beliebiger Menge vervielfältigt und unters Volk gebracht werden konnten.

Quelle 1:

Station 5 | Glaubenskampf als Bilderkampf

Information 2:

Begriffe zur Erklärung des Flugblattes:

eisenbeschlagener Ablasskasten – fünf Siegel – Mönch auf einer Kanzel – päpstliche Ablassbulle – aufgerichtetes Kreuz – Bürger wirft Geld ein – Dornenkrone und Inschrift – Ablassbriefe werden ausgefüllt – gläubige Frauen

Information 3:

Flugblätter ergreifen immer Partei für eine bestimmte Person oder Sache. Folgende Fragen helfen euch, die Botschaft dieses Flugblatts zu verstehen:

- Welche Übertreibungen verwendet der Produzent?
- Wie urteilt er über Personen, Gegenstände und Ereignisse?
- Welcher Konfession gehört er an?
- Wen will er ansprechen und was will er erreichen?

Station 6 | Karl V. und sein Reich

I. Aufgabe

Ihr seid wahre Glückspilze. Kurz nach der Abdankung Kaiser Karls V. bekommt ihr die Gelegenheit, ein abschließendes Interview mit ihm zu führen und könnt dabei über seine Regierungszeit sprechen. Befragt ihn zu den Zielen seiner Politik, zur Reformation, zu seinen Misserfolgen, zu den Gründen seiner Abdankung usw. Überlegt euch dabei auch mithilfe der unten stehenden Materialien mögliche Antworten Karls V.

II. Materialien

Information 1:

Karte – Europa zur Zeit Karls V.

Karl V. in der Schlacht zu Mühlberg

Station 6 | Karl V. und sein Reich

Information 2: Kriege und Außenpolitik Karls V.

1521–1526	1. Französisch-habsburgischer Krieg; Sieg Karls V. bei Pavia
1526–1529	2. Französisch-habsburgischer Krieg
1529	Frieden mit Frankreich; Türken belagern erfolglos Wien
1531	Bündnis der Protestanten gegen Kaiser und katholische Stände in Schmalkalden (Schmalkaldischer Bund)
1532	Türken greifen Spanien und Italien an.
1536	Französisch-türkisches Bündnis gegen Habsburg
1536–1544	3. + 4. Französisch-habsburgischer Krieg; Friedensschluss mit Frankreich
1546	Waffenstillstand mit den Türken
1546/47	Schmalkaldischer Krieg; der Kaiser besiegt die Protestanten
1552	Protestantische Fürsten schließen Bündnis mit Frankreich
1556	5. Französisch-habsburgischer Krieg
1556	Abdankung Karls V.

Textquelle 1: Vertrag Karls V. mit den deutschen Reichsständen vor seiner Kaiserwahl 1519

„Wir [Karl V.] wollen die Kurfürsten, auch andere Fürsten, Grafen, Herren und Stände, bei ihren Würden, Rechten, ihrer Macht und Gewalt bleiben lassen (...)
Wir wollen kein Bündnis mit fremden Nationen machen, wir haben denn zuvor die Kurfürsten zusammengerufen und ihre Zustimmung zu solchem erlangt.
Wir wollen während unserer Regierungszeit keinen Krieg anfangen noch fremdes Kriegsvolk ins Reich führen ohne Wissen und Bewilligung der Reichsstände.
Wir wollen auch unsere königlichen und Reichsämter mit keiner anderen Nation als geborenen Deutschen besetzen (...). Wir [wollen] uns keine Erblichkeit [der Kaiserkrone] des Römischen Reiches anmaßen, sondern die Kurfürsten zu jeder Zeit bei ihrer freien Wahl lassen."

Station 6 | Karl V. und sein Reich

Textquelle 2: Karl V. blickt auf seine Regierungszeit zurück

„In meinem 19. Jahre wagte ich es (...) um die kaiserliche Krone mich zu bewerben, nicht um meine Besitzungen auszudehnen, sondern um nachdrücklicher für das Wohl Deutschlands und meiner anderen Königreiche (...) wirksam sein zu können und in der Hoffnung, unter den christlichen Völkern den Frieden erhalten und ihre Streitkräfte zu vereinigen zur Verteidigung des katholischen Glaubens gegen die Türken.
Ich bin teils durch den Ausbruch der Ketzerei, teils durch die Eifersucht nebenbuhlerischer Mächte behindert worden, das Ziel dieser Bestrebungen zu erreichen. (...) Obgleich ich in viele Kriege verwickelt worden bin, so habe ich doch keinen derselben gern unternommen und indem ich von Euch Abschied nehme, ist nichts schmerzlicher für mich, als dass ich nicht imstande gewesen bin, Euch einen festen und gesicherten Frieden zu hinterlassen.
Schon vor meinem letzten Feldzug nach Deutschland war ich infolge meines beklagenswerten Gesundheitszustandes mit dem Gedanken umgegangen, mich der Bürde der Staatsgeschäfte zu entledigen, aber die Wirren, welche das Christentum beunruhigten, veranlassten mich, meinen Plan wieder aufzugeben, in der Hoffnung, den Frieden wieder herzustellen; (...). Ich hatte fast das Ziel meiner Bemühungen erreicht, als mich der plötzliche Angriff des französischen Königs und seiner deutschen Fürsten aufs Neue zu den Waffen rief."

Textquelle 3: Karl V. über den Schmalkaldischen Krieg gegen die protestantischen Reichsfürsten 1546/47

„Ich unternahm den Krieg in Deutschland um der Religion willen; denn ich wünschte – wie es gemäß der mir auferlegten Verpflichtung recht und billig war –, die Abgewichenen in den Schoß der Kirche zurückzuführen. Ich trug Sorge dafür, in der Christenheit Friede und Ruhe herzustellen, und tat von meiner Seite alles nur Mögliche, um die Einberufung des Konzils [von Trient] herbeizuführen. Ich bemühte mich darum, dass die so notwendige Kirchenreform beschlossen und durchgeführt werde, um die vom Glauben Abgewichenen leichter zu gewinnen. Und als es durch die Güte Gottes gut damit stand, begann der König von Frankreich den Krieg (...). Er stützte sich dabei auf die Hilfe der Deutschen, die sich entgegen ihrer Treueverpflichtung mit ihm verbündeten. Er rief die türkische Flotte herbei zu großem Schaden der Christenheit (...)."

Station 7	Wallenstein – ein Kriegsunternehmer

I. Aufgaben

Stellt euch vor, ihr seid mit einer Zeitmaschine zurück in die Zeit des Dreißigjährigen Krieges gereist. Nun befindet ihr euch schon fast ein ganzes Jahr hindurch auf einer Rundreise durch das Deutsche Reich. Um eure Beobachtungen weitergeben zu können, schreibt ihr ein Reisetagebuch, in das ihr alle eure Eindrücke notiert. Im Materialteil bekommt ihr einige Anregungen zu möglichen Beobachtungen, die ihr aber noch mit eigenen Ideen vervollständigen könnt. Viel Spaß beim Schreiben des Reisetagebuchs.

II. Materialien

Quelle 1: Albrecht Wallenstein (1583–1634)

Information 1: Zusammensetzung eines bayerischen Regiments im Jahre 1645

534 Deutsche	26 Griechen	5 Ungarn
219 Italiener	18 Dalmatiner	2 Kroaten
82 Franzosen	15 Türken	2 Schotten
54 Polen	14 Böhmen	
51 Schweizer	11 Spanier	

Station 7 | Wallenstein – ein Kriegsunternehmer

Information 2: Zusammensetzung eines schwedischen Heeresteils 1634 in Nördlingen

(Zu einem Heer gehörten in dieser Zeit nicht nur Soldaten, sondern auch der sogenannte Tross).

1050	Soldaten
406	Bedienstete: Metzger, Köche, Stallknechte, Schuhmacher, Händler, Fuhrleute und Geistliche
369	Soldatenweiber
162	Kinder
82	Mägde

Information 3: Wallenstein

Der erfolgreichste Kriegsunternehmer des Dreißigjährigen Krieges war der kaiserliche General Albrecht von Wallenstein. Da der Kaiser das von Wallenstein aufgestellte 150 000 Mann starke Heer nicht bezahlen konnte, wurden die Soldaten auf das Land verteilt und die Kosten der Bevölkerung auferlegt. Die Bürger einer besetzten Stadt mussten daher den Soldaten Quartier geben, sie verköstigen und ihren Sold bezahlen. Im Gegenzug schützte Wallenstein die Bewohner vor Gewalttaten, indem er plündernde Soldaten sofort aufhängen ließ und allgemein auf Disziplin in seinem Heer achtete.

Quelle 2: Der Abt von Andechs berichtet von der Einquartierung kaiserlicher Truppen im Kloster 1633/34

„Himmel! Man sah (...) Bauern und Soldaten, nur halb gekleidet, von Elend abgebleicht, von Hunger ausgemergelt, mit bloßen Füßen bei der großen Kälte herumgehen (...). Die Soldaten aßen Hunde und Katzen und gestohlenes Fleisch, und die Bauern hatten oft mehrere Tage keinen Brocken Brot! Viele suchten in unserem Garten die Kraut- und überwinterten Salatstengel, Wurzeln und Kräuter zusammen, die sie roh und gesotten aßen (...).
Was nach dem Abzug dieser sauberen Gäste im ganzen Kloster (...) sowohl in den Zimmern, als Gängen und Vorhöfen für Wust, Unrat, Graus und Gestank gewesen, lässt sich aus dem, dass täglich nebst den Militärpersonen über 1000 Menschen da wohnten, leicht etwas, aber nicht genug einbilden.
Zudem ist alles, was außer dem Kloster, und zum Teil auch in demselben, und in den Stallungen von Holz war, in Feuer aufgegangen (...). Das Dorf stand ganz in Unflat und Wüste, alles zum Grausen und für die Menschen unbegreiflich. In den Häusern wie auf den Gassen lagen nichts als abscheuliche Lumpen, zerschlagener Hausrat, Köpfe, Füße und Gedärme von verzehrten Pferden, Menschen-Unrat und mehrere Toten-Körper (...).“

Station 7 | Wallenstein – ein Kriegsunternehmer

Quelle 3: ***Meldung der kaiserlichen Zeitung aus dem habsburgischen Schlesien im Jahr 1627***

„In Schlesien tun die Freund mehr Schaden als der Feind (…) und geht das gemeine Sprichwort unter ihnen [den kaiserlichen Soldaten]: Nehmen wir's nicht, so nimmt's der Feind. (…) Die Wallensteinischen sind gar elend in dies Land gekommen, fangen aber an, so herrisch zu werden, dass sie gar den Städten die Schlüssel nehmen, auch bei allen Untertanen Taler suchen (…).“

Quelle 4: ***Nachricht aus Wien vom 8. Januar 1633 zum Verhältnis zwischen Kaiser und Wallenstein***

„Der Herr Generalissimus Wallenstein, welcher anhero Ihrer Kaiserlichen Majestät solche trefflichen Dienste getan und damit die höchste Ehrenstelle (…) [erlangte], (…) der ist unversehens in den schändlichen Verdacht [das Verrats] bei Ihrer Majestät geraten und aus höchster Gnad in höchste Ungnad gefallen.“

Station 8 | **Die Schrecken des Dreißigjährigen Krieges**

I. Aufgabe

Erstellen eines Jahreskalenders mit Bildern und Texten zu den Schrecken des Dreißigjährigen Krieges. **Dieser Kalender soll eine Mahnung zum Frieden werden.**

Dazu kopiert ihr zunächst die entsprechenden Monatskalenderblätter, die ihr im Internet unter http://home.t-online.de/home/HGreschner/ewkal.com oder wenn ihr unter www.google.de den Suchbegriff „ewiger Kalender“ eingebt, findet, in ein Textfeld eines neuen Worddokuments. Danach legt ihr ein zweites Textfeld an, in das ihr dann Bilder und Texte oder Zitate zum Dreißigjährigen Krieg einfügt, die ihr ebenfalls im Internet bei verschiedenen Suchmaschinen auch mithilfe der unten genannten Suchbegriffe finden könnt. Schon ist das erste Kalenderblatt fertig. Vergesst nicht, das Bild noch entsprechend der Darstellung mit einer Bildunterschrift zu erklären und wenn möglich als zweiten Teil einen Text zum Dreißigjährigen Krieg einzufügen. Wie hier beschrieben geht ihr nun auch bei den restlichen 11 Monatskalenderblättern vor.

Hinweis für Lehrkräfte: Sie können die Aufgabe auch komplett in Ihrer Klasse ohne Internet umsetzen. Beschaffen Sie sich aus dem Internet die entsprechenden Vorlagen und stellen Sie diese der Klasse in ausreichender Menge zur Verfügung.

II. Materialien

a) Internet:

Sämtliche Materialen findet ihr unter den folgenden Adressen:

- http://home.t-online.de/home/HGreschner/ewkal.com
- http://www.mbradtke.de/re002.htm
  oder unter www.google.de und entsprechende Stichwortsuche.

b) Stichworte für die Suche

Mithilfe dieser Stichworte solltet ihr sehr unterschiedliche Materialien für euren „Kalender des Schreckens“ finden:

- Radierungen von H. U. Frank
- Radierung von Jacques Callot
- Gemälde von Sebastian Vrancx
- Gemälde von Pieter Snayers (Schlachten)
- Andreas Gryphius: Thränen des Vaterlandes
- Seuchen/Hunger
- Bevölkerungsverluste + Karte
- Zerstörung Magdeburgs
- Söldnerarmeen

Station 8 | Die Schrecken des Dreißigjährigen Krieges

Januar 2008 (Schaltjahr)							
KW	Montag	Dienstag	Mittwoch	Donnerstag	Freitag	Samstag	Sonntag
1		1 Neujahr	2	3	4	5	6 Hl. Drei K.
2	7	8	9	10	11	12	13
3	14	15	16	17	18	19	20
4	21	22	23	24	25	26	27
5	28	29	30	31			

Ein Lied aus dem Dreißigjährigen Krieg

Was denkst du, du arger Tod!
Wie soll ich kommen in solch Not
Eh Königskron musst tragen?
Hab vieles noch in meinem Sinn,
das ich zu schaffen emsig bin,
und alles wird dran wagen.
(…)

An dem gemeinen Lumpenpack,
daran find wenig nur Geschmack
kann mir den Reihn nit zieren
Zum Lamentieren, Heulen; Schrein
Der Mütter und klein Kindelein
Tät nie recht Lust verspüren.

13. Grundwissenstest

Kreuzworträtsel

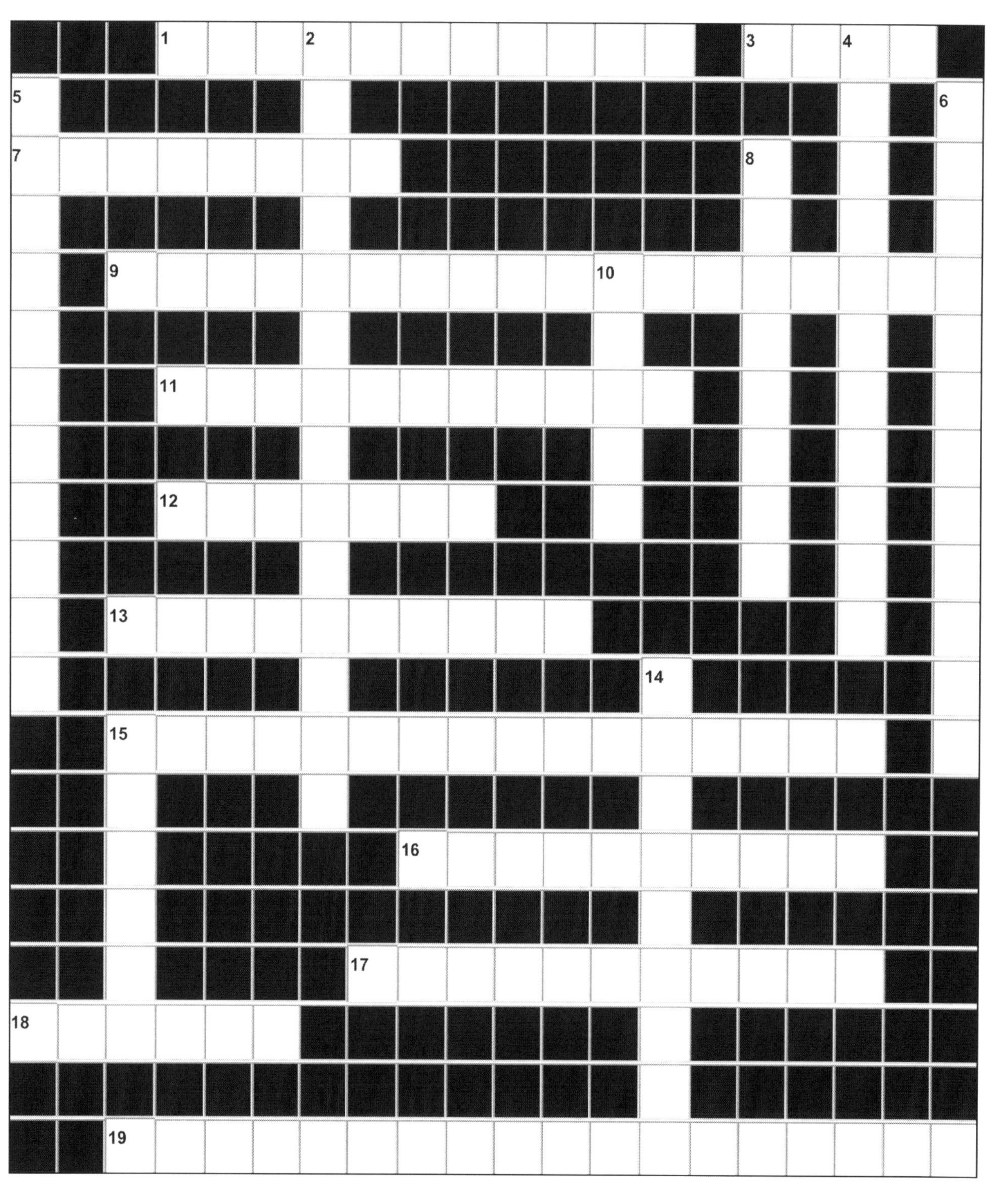

13. Grundwissenstest

Kreuzworträtsel

Waagerecht:

1 Auf einen Schweizer Pfarrer und Gelehrten zurückgehende Konfession.

3 Die katholischen Reichsfürsten gründeten vor dem Dreißigjährigen Krieg die sog. Katholische ... .

7 Der Religionsfriede von 1555 wurde in ... geschlossen.

9 Lateinische Bezeichnung für „Augsburger Religionsfriede".

11 Beinamen, den Friedrich von der Pfalz bekam, weil er nur ein Jahr König von Böhmen war.

12 Die Bauern fassten ihre Forderungen in 12 ... zusammen.

13 Der Kaiser belegte Luther nach dem Reichstag zu Worms mit der ... .

15 Gegenbewegung der Katholiken, um die Reformation einzuschränken.

16 Juden wurden oft für Schicksalsschläge und Katastrophen verantwortlich gemacht und zum ... gestempelt.

17 Methode, mit denen Menschen, die der Hexerei angeklagt waren, zu Geständnissen gezwungen wurden.

18 Luther fasste seine Forderungen an die Kirche in Form von 95 ... zusammen.

19 Der Auslöser des Dreißigjährigen Krieges war der ... .

Senkrecht:

2 Martin Luther kritisierte den Lebensstil vieler Priester, Bischöfe und Päpste. Man nennt diesen Lebensstil ... .

4 Name des schwedischen Königs im Dreißigjährigen Krieg.

5 Feldherr aus Böhmen, der für den Kaiser kämpfte und zum größten Kriegsunternehmer des Dreißigjährigen Krieges wurde.

6 Diese Form der Sündenvergebung kritisierte Martin Luther sehr scharf.

8 Orden, der nur dem Papst unterstellt war und vor allem viele Schulen und Universitäten gründete.

10 Die Protestanten nannten ihr Bündnis vor dem Dreißigjährigen Krieg Protestantische ... .

14 Der Papst schloss Martin Luther mit diesem Schreiben aus der katholischen Kirche aus.

15 Nach Luthers Auffassung kann man nur durch den ... alleine die Vergebung der Sünden erreichen.

Kreuzworträtsel (Lösung)

1 CALVINISMUS
2 VERWELTLICHUNG
3 LIGA
4 GUSTAVADOLF
5 WALLENSTEIN
6 ABLASSHANDEL
7 AUGSBURG
8 JESUITEN
9 CONFESSIOA 10 UGUSTANA
10 UNION
11 WINTERKÖNIG
12 ARTIKEL
13 REICHSACHT
14 BANNBULLE
15 GEGENREFORMATIO
15 GLAUBE
16 SÜNDENBOCK
17 FOLTERUNGEN
18 THESEN
19 PRAGERFENSTERSTURZ

Jiddisches Lied (v. Seite 111) **M 1**

Alle Brüder

und wir sind alle Brüder
oj, oj, alle Brüder
und wir singen fröhliche Lieder
oj, oj, oj

und wir sind alle Schwestern
oj, oj, alle Schwestern
so wie Rachel, Ruth und Esther
oj, oj, oj

und wir sind alle fröhlich
oj, oj, alle fröhlich
so wie alle schönen Mädchen
oj, oj oj

und wir sind alle einig
oj, oj, alle einig
Und wir sind viel zu wenig
oj, oj, oj

und wir lieben uns doch alle
oj, oj, uns doch alle
wie ein Bräutigam seine Braut
oj, oj, oj

(sinngemäße Übersetzung)

14. Bildnachweis

S. 12 Jan Hus auf dem Scheiterhaufen, Holzschnitt, 16. Jh.
S. 15 Bauern liefern ihre Abgaben ab. Aus: Rodericus Zamorensis, Spiegel des menschlichen Lebens, Augsburg 1479, Holzschnitt, 15. Jh.
S. 16 Das Schiff Kirche geht unter, Holzschnitt, 16. Jh.
S. 18 Wallfahrt zur „Schönen Maria" v. Regensburg: Holzschnitt v. M. Ostendorf 1519/23
S. 19 Albrecht Dürer: Die vier apokalyptischen Reiter (1498), Germanisches Nationalmuseum, Nürnberg
S. 27 Verhaftung von Jan Hus / Jan Hus` Ausstoß aus dem Priesteramt. Aus: Ulrich von Riechental, Chronik des Konstanzer Konzils, Augsburg 1483
S. 28 Lucas Cranach d. Ä. (um 1526): Martin Luther
S. 30 Bau des Petersdom, Zeichnung (unbekannt)
S. 31 Lucas Cranach d. Ä. (1521), Holzschnitt: Der Papst wird im Zuge reformatorischer Polemik als „Antichrist" dargestellt, der Ablassbriefe gegen Bezahlung ausstellt;
Johannes Tetzel predigt den Ablass, Flugblatt aus dem 16. Jh.
S. 40 Paul Thumann (1875): Luthers Ankunft auf der Wartburg 1521, Holzstich nach einem Gemälde für die Wartburg von P. Thumann © Foto akg-images, Berlin;
Lucas Cranach d. Ä.: Friedrich III., der Weise von Sachsen, Gemälde, 1525
S. 41 f. Lucas Cranach d. Ä. (Cranach-Schule): Martin Luther, Holzschnitt, um 1520
S. 44 Titelblatt der Bannbulle des Papstes Leo X. gegen Luther, Holzschnitt, 1520 © Foto akg-images, Berlin;
Ludwig Rabus: Luther verbrennt die Bannbulle. Aus: Historien der (...) Gotteszeugen, Straßburg 1557
S. 47 Anton von Werner: Martin Luther vor Kaiser Karl V. auf dem Reichstag zu Worms 1521, Gemälde, 1900, Staatsgalerie Stuttgart
S. 56 Ritter, von Bauern des Bundschuhs umringt, Holzschnitt. Aus: Francesco Petrarca, Von der Artzney bayder Glueck, Augsburg, 1532
S. 57 Bewaffnete Bauern im Anmarsch auf ein Kloster, zeitgenössische Zeichnung
S. 58 Plünderung des Klosters Weißenau, Federzeichnung in der „Chronik des Bauernkrieges" von Jacob Murer, 1525, Schloss Zeil
S. 59 Titelholzschnitt: Die Zwölf Artikel der Bauernschaft, 1525 © Foto akg-images, Berlin
S. 60 Titelseite der Luther-Streitschrift (Wider die mörderischen und räuberischen Rotten der Bauern), Wittenberg, 1525
S. 62 Zug der bewaffneten Bauernhaufen, Holzschnitt, 1525
S. 63 Bauern huldigen dem Abt des Klosters Weißenau, Federzeichnung in der „Chronik des Bauernkrieges" von Jacob Murer, 1525, Schloss Zeil
S. 74 Einzug Karls V. nach Augsburg: Aus dem Holzschnitt-Zyklus von Jörg Breu d. Ä., 1530;
Schweinfurter Konfessionsbild, Überreichung des Glaubensbekenntnisses an Kaiser Karl V., 1530 in Augsburg
S. 88 Jacopino del Conte: Ignatius von Loyola, Gmälde, 1556
S. 89 Pax Augustana, Urkunde
S. 96 Hexenverbrennung: Holzstich um 1880, nach einer Zeichnung von Gottfried Franz © Foto akg-images, Berlin
S. 97 Julia Roberts, 1997 © Foto COLUMBIA PICTURES/ALBUM / akg-images, Berlin
S. 98 Hexenabbildungen: Hexensabbat (Hans Baldung, 1510); Hexenschuss; Hexen machen Blitz und Donner in dem sie eine Schlange und einen Hahn zusammen kochen; Hexe buhlt mit dem Teufel
S. 99 Malleus Maleficarum, Titelblatt des Hexenhammers, um 1669
S. 112 Ausstellung „Der ewige Jude", 1937, Deutsches Museum in München, Plakat
S. 113 Angeblicher Ritualmord der Juden an dem Knaben Simon in Trient 1475, Holzschnitt, 15 Jh.;
Angebliche Hostienschändung der Juden von Sternberg, Holzschnitt, Lübeck, 1492
S. 114 Jüdischer Geldgeber am Rechentisch, Holzschnitt
S. 116 Matthäus Merian d. Ä.: Die Plünderung der Judengasse in Frankfurt 1612, Kupferstich, 1630

S. 124 Matthäus Merian d. Ä.: Prager Fenstersturz (1618), Kupferstich, 1635
S. 147 Westfälischer Friedensbote 1648, zeitgenössisches Flugblatt, Holzschnitt 1648; Westfälischer Friede, Friedenstraktat von Münster, Exemplar des Kurfürsten von Sachsen, Dresden Staatsarchiv © Foto akg-images, Berlin
S. 151 Briefmarke: 350 Jahre Westfälischer Friede
S. 163 Die Handelsbeziehungen der Fugger. Aus: W. J. Wagner, Neuer großer Bildatlas der Deutschen Geschichte, S. 126, Chronik Verlag, Gütersloh/München, 1999
S. 164 Jakob Fugger der Reiche: Porträt aus der Werkstatt Albrecht Dürers, 1520; Foto Fuggerei. Aus: Augsburg Stadtansichten © Satz und Grafik Partner GmbH (Hrsg.), Augsburg 2001
S. 165 Schreibender Mönch, Miniatur aus der Handschrift „Miracles de Notre Dame", Frankreich um 1455
S. 166 Buchdruck. Aus: Geschichte kennen und verstehen Bd. 7, S. 80, Oldenbourg Verlag, München
S. 168 Seite aus der Gutenbergbibel, 1455, gedruckt in Mainz; Johannes Gutenberg, Kupferstich nach einer Zeichnung von André Thévet, 1584
S. 169 Anton von Werner: Martin Luther vor Kaiser Karl V. auf dem Reichstag zu Worms 1521, Gemälde, 1900, Staatsgalerie Stuttgart
S. 172 Konzil von Trient, Kupferstich um 1565
S. 174 Ablasshandel, Titelholzschnitt (1518) der anonymen Handschrift gegen den Ablasshandel
S. 176 Tizian: Karl der V. in der Schlacht zu Mühlberg, Gemälde, 1548
S. 179 Anton van Dyck: Albrecht Wallenstein, Gemälde um 1630, Bayerisches Nationalmuseum, München
S. 183 Hans Ulrich Franck: Raubende Soldateska, Holzstich, 1643 Sebastian Bourdon: Lagerszene aus dem Dreißigjährigen Krieg, Gemälde, 1643;